SUTTON
VERLAG

Die Karte von dem ostfriesischen Historiker und Theologen Ubbo Emmius, Gründungsrektor der Universität Groningen (Niederlande), zeigt Ostfriesland um 1600.

*Heimat*ARCHIV

Theo Meyer

VON HÄUPTLINGEN, SEERÄUBERN UND WALFÄNGERN

EINE ZEITREISE DURCH OSTFRIESLANDS GESCHICHTE

SUTTON
VERLAG

Impressum

Sutton Verlag GmbH
Hochheimer Straße 59
99094 Erfurt
www.suttonverlag.de
Lektorat: Hinnerk Dreppenstedt
Das Hintergrundbild auf der Vorderseite des Buchumschlages
stammt von Torsten Prawitt.

Druck: Books on Demand GmbH, Norderstedt, Deutschland
ISBN 978-3-86680-831-7

INHALTSVERZEICHNIS

Das Steinhaus in Bunderhee.

VORWORT

Wer sich mit der Geschichte Ostfrieslands und der Lebensart seiner Einwohner beschäftigt, erkennt bald, dass die Historie und kulturelle Entwicklung dieses Landstriches eine Fülle von ganz besonderen Erscheinungsformen zu bieten haben. Die Aufmerksamkeit der daran interessierten Menschen richtet sich oft gerade auf diese Eigentümlichkeiten und die damit verbundenen und immer wieder gestellten Fragen. Da sind einerseits die im Verlauf der Geschichte entstandenen unterschiedlichen Lebens- und Alltagsverhältnisse in den Landschaftsformen Marsch, Geest und Moor, aber andererseits auch die historischen, wirtschaftlichen und kulturellen Zeugnisse einer lebendigen Vergangenheit, wenn wir etwa an die einzigartigen Bauten, so z. B. die Kirchen, Windmühlen, Deiche, Kanäle, Entwässerungsmaßnahmen, Bauern- und Backsteinhäuser, aber auch an das für Ostfriesland typische Teetrinken oder Klootschießen denken.

Begleiten Sie uns in diesem Buch auf einen Streifzug durch die Vergangenheit dieses Landstriches an der Nordseeküste. Vielleicht finden Sie als Inländer oder Auswärtiger Erklärungen für ostfriesische Besonderheiten und Antworten auf Fragen, die Sie sich schon oft gestellt haben, wenn es um die Region in Gesprächen, Zeitungen, Funk und Fernsehen ging oder wenn Sie sogar Ihren Urlaub an der Nordseeküste verbrachten.

Gehen wir also zunächst weit zurück. Schauen wir uns in der Ur- und Frühzeit der Küstengegend um. Betreten wir die ersten Kirchen der Region, die heute alljährlich im „Musikalischen Sommer in Ostfriesland“ die Räumlichkeiten für eine weit über die Region hinaus bekannte eindrucksvolle Konzertreihe bieten. Wir besuchen die Burgen der Häuptlinge in Ostfriesland, die so ganz anders sind als die Burgen, die wir z. B. an Rhein und Mosel oder in Bayern vorfinden. Werden Sie Zeuge, wie machthungrige ostfriesische Häuptlinge Seeräuber in ihre Dienste nehmen und ihnen Unterschlupf gewähren. Machen wir uns auf zu den Mönchen des Klosters Ihlow und jagen wir mit Borkumer Walfängern im Eis des hohen Nordens. Schauen wir zu, wenn sich Dorfmannschaften aus Ostfriesland im Klootschießerwettkampf gegenüberstehen.

Lassen Sie uns durch die Straßen der alten Stadt Emden schlendern und in die Teehäuser vergangener Zeit einkehren. Schauen wir uns aber auch in den frühen Moorsiedlungen um, die „Hochburgen der Armut“ darstellen und ihren Bewohnern bei der Urbarmachung der siedlungsfeindlichen Landflächen viel abverlangen. Wir lernen freiheitsliebende Ostfriesen kennen, die den ausweglosen Kampf gegen übermächtige napoleonische Soldaten aufnehmen. Überzeugen wir uns von den pädagogischen Fähigkeiten eines blutjungen Schulmeisters in einer Moorsiedlung.

Inspizieren Sie mit uns eine Holländerwindmühle und ein Armenhaus, verfolgen Sie aber auch den Bau eines Kanals und Schifffahrtsweges.

Erfahren Sie, wie die Menschen der Region sich früher kleideten und welche Speisen und Getränke sie zu sich nahmen. Wir besuchen die Dörfer am Großen Meer, dem größten Binnensee Ostfrieslands, auf dem heute vor allem Segler und Surfer aus Nah und Fern ihre Freizeit verbringen. Sie bekommen Gelegenheit, Kinder der wilhelminischen Kaiserzeit über ihre Lebenswelt zu befragen. Seien Sie aber auch bereit, im Zweiten Weltkrieg die Zerstörung der Hafenstadt Emden mitzuerleben und erfahren Sie, welche Probleme die Ostfriesen in den ersten Jahren nach dem verlorenen Krieg zu bewältigen hatten.

Lassen Sie uns also ganz nah dran sein am Geschehen: Vergangenheit wird Gegenwart!

Und vielleicht können wir auf unserem Streifzug etwas von der besonderen Stimmung erahnen, in die der ostfriesische Schriftsteller Berend de Vries eines Tages bei einem Spaziergang durch seine Heimatstadt Emden geriet und die er in seinem „Logbuch des Ostindienfahrers“ so eindrucksvoll beschrieb:

„Allerlei merkwürdige Gedanken und Einfälle überkommen mich, wenn ich an solchen Abenden die alten Gassen durchstreife. Erinnerungen, die Jahrhunderte alt sind, werden lebendig. Tragen wir nicht die Erlebnisse, Lust und Qual ungezählter Geschlechter im Blut? Ein Teilchen unseres Wesens steckt in den alten Mauern und in dem, das sie bergen und vor langen Zeiten geborgen haben. Not und Hoffnung derer, die vor uns waren, schleppen wir mit uns. Sie haben Teil an unserem Geschick, und uns ist es grausig und herrlich zugleich, dies zu wissen und zu erkennen.“

Ich wünsche allen Lesern eine erlebnisreiche Reise durch die Geschichte Ostfrieslands.

Theo Meyer

IN DER UR- UND FRÜHZEIT

Bereits 10.000 Jahre vor Christi Geburt besiedelten Menschen den Geestboden. Bis zum Ende der Bronzezeit um etwa 800 vor Christus war nur dieser sandige Grund bewohnbar. Erst am Anfang der dann beginnenden Eisenzeit wurde auch die Marsch als Siedlungsland für die Menschen nutzbar. In dieser Geestgegend wuchsen vor allem viele Birken- und Kiefernbäume. Rotwild und sogar Elche fanden weite Weidegebiete vor, und im Winter zog das Terrain wohl auch Rentiere an, weil ihre Überlebenschancen in dieser Region in der kalten Zeit besser waren als in den weiter nördlich gelegenen Gebieten. Manchmal suchten Jägergruppen das Land auf.

Auf der Geest lebten die Menschen in Hütten und Zelten. Die Wände der primitiven Behausungen waren mit Tierhäuten versehen. Innen lag die Feuerstelle und auch Bodenpflaster waren schon vorhanden. Die Bewohner benutzten Flintwerkzeuge, die von Archäologen Federmesser genannt werden. Beeindruckend ist die damalige Technik der Knochenbearbeitung; zahlreiche erhaltene Gebrauchsgegenstände zeichnen sich durch eine künstlerische Gestaltung aus.

Um 9000 vor Christus begann eine ausgeprägte Wärmezeit und die Lebensbedingungen für die Menschen verbesserten sich. Nun, am Beginn der mittleren Steinzeit, lebten viele Tierarten auf der Geest, wodurch die Ernährung der Jäger abwechslungsreicher wurde. Sie verzehrten das Fleisch von Rehen, Wildschweinen, Auerochsen, aber auch von Gänsen und Enten. Die Menschen lebten in kleinen Gemeinschaften und Sippenverbänden und innerhalb von begrenzten Gebieten, errichteten sich einfache Hütten, fischten und sammelten Waldfrüchte. Ihre Lager schlugen sie unter Umständen in anderen Gebieten auf, wenn sich dort mehr Nahrung fand. Mittlerweile hielten sie auch Haustiere: Hunde, die sie bei der Suche nach Nahrung und der Jagd unterstützen und die ihnen bis heute treue Gefährten sind.

Im Übergang von der mittleren Steinzeit zur Jungsteinzeit, von etwa 5500 bis 4000 vor Christus, vollzog sich in Nordeuropa der Wandel von Jäger- und Sammlerkulturen zu sesshaften Bauern mit Viehhaltung und Ackerbau. Im Rahmen dieser Veränderungen bildeten sich Dorfgemeinschaften heraus und mit der Nahrungsproduktion mittels Landbewirtschaftung entstand die Möglichkeit der Vorratshaltung. Die Menschen wurden so von der natürlichen Umwelt unabhängiger und teilten die anfallenden Arbeiten immer mehr untereinander auf. Auf dem sandigen Boden der Geest errichteten sie stabile Wohnhäuser und Grabanlagen, die sie mit großen Steinen abdeckten. Die Menschen stellten vielfältige Geräte und Werkzeuge her, die sie aufgrund ihrer sesshaften Lebenshaltung benötigen. Die Waren aus Ton – etwa Tassen, Schalen, Näpfe, Kragenflaschen, Sauggefäße und Tüllen-

Reste des Großsteingrabes in Tannenhausen, auch als „Butter, Brot und Käse" bezeichnet.

näpfe – kennzeichnen diese neue Phase, die von Wissenschaftlern als Trichterbecherkultur bezeichnet wird. Ein weiteres wichtiges Werkzeug der sesshaften Bauern waren große, flache Flintbeile, wie sie beispielsweise in Georgsfeld bei Aurich gefunden wurden. Die Flintbeile dienten zur Rodung des Waldes, um Ackerland zu gewinnen, aber auch zur Herstellung von Baumaterialien aus Holz. Aus zerbrochenen Beilen sowie aus Feuerstein stellte man Pfeile für die Jagd und Schaber für die Bearbeitung von Fellen und Holz her.

Großsteingräber sind typisch für diese Zeit. In Tannenhausen, einem Nachbarort von Georgsfeld, sind von einer solchen Grabstätte drei Steine erhalten geblieben – ein Trägerstein und zwei Decksteine –, die man in der Gegend als „Butter, Brot und Käse" bezeichnet. Um den Verstorbenen für das Leben nach dem Tod etwas mitzugeben, legten die Menschen der Trichterbecherkultur in diese Steingräber auch Speisen, Kleider, Schmuck, Werkzeug und Waffen. Die Grabkammern wurden wahrscheinlich für längere Zeit immer aufs Neue von Mitgliedern einer Sippe verwendet.

Zwischen 3500 und 2800 vor Christus, in der Endphase der Jungsteinzeit, änderten sich die Bestattungssitten. Eine Einzelgrabkultur entwickelte sich, Verstorbene wurden also in einzelnen Gruben unter Grabhügeln aus Sand bestattet. Grabbeigaben waren steinerne Äxte, Beile, Flintdolche sowie verzierte Becher.

Bei der Ackerbewirtschaftung setzte sich anstelle des Feldbaus mit Spaten und Hacke allmählich der Ackerbau mit dem Hakenpflug durch. Die bäuerlichen Gruppen besiedelten die ostfriesischen Geestflächen nun dauerhaft. Sie schlugen Lichtungen in die ursprünglich vorhandenen Eichen-Linden-Wälder, gewannen weitere Ackerflächen durch Brandrodung und bauten ihre stabilen Behausungen in der Nähe der Äcker. Die nutzbaren Landflächen zogen Familien an, die gemeinsam auf einem Terrain lebten, das von Mooren und Wasserläufen begrenzt war. Die Menschen der Trichterbecherkultur mit ihren vielfältigen Tonwaren und Steinwerkzeugen sind als Pioniere einer bäuerlichen Lebensweise auf der ostfriesischen Geest anzusehen.

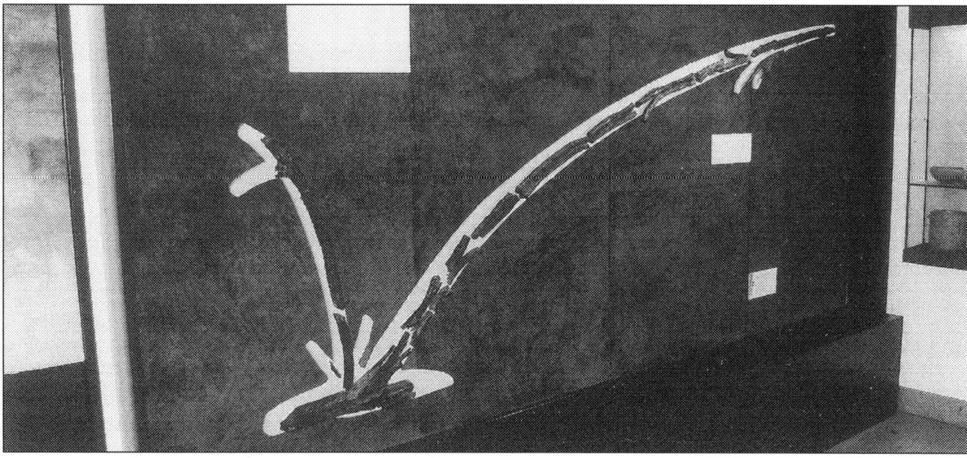

Rekonstruktion des Pfluges von Walle im Historischen Museum Aurich.

Erste Wege wurden auch angelegt. Zum Ende der Jungsteinzeit existierte ein Weg, der von Tannenhausen über Moorflächen nach Nenndorf führte. Er bestand aus Erlen- und Birkenstämmen, die aneinandergereiht wurden und somit begeh- und befahrbar waren. Es handelte sich dabei um Rundhölzer, die an ihren Enden mit Steinbeilen bearbeitet worden waren. Aufgrund des Schlages mit dem Steinbeil hatten die Enden lange Spitzen, die einem angespitzten Bleistift ähnelten. Viele Wagenteile wurden im Laufe der Zeit neben dem Weg abgelegt und liegengelassen, darunter Scheibenrad-, Deichsel- und Oberwagenteile.

Zwischen 1700 und 800 vor Christus, in der mittleren und jüngeren Bronzezeit, besaßen die Menschen schon beachtliche technische Kenntnisse der Metallverarbeitung. Werkstätten waren eingerichtet, in denen die Fachleute für den Bedarf eines begrenzten Gebietes tätig waren. Zerbrochene Gerätschaften wurden eingeschmolzen und so der Rohstoff wiederverwendet. Die Versorgung mit Metall war noch immer unzureichend, sodass Steingeräte, Äxte und Sicheln bis um 800 vor Christus, also mit Beginn der Eisenzeit, weiter eingesetzt wurden.

Zu dieser Zeit gab es bereits weitreichende Handelsbeziehungen im Küstenraum. Ein Beleg dafür ist die Goldscheibe, die im Moor in der Gegend von Moordorf gefunden wurde. Unter dem abgetorften Terrain befanden sich ein etwa 75 Zentimeter hoher Hügel und eine rechteckige Grube von etwa 2,30 Meter Länge und 60 Zentimeter Breite. Der Schluss liegt also nahe, dass es sich bei der Goldscheibe um eine Grabbeigabe gehandelt haben muss.

Das Gewicht der Scheibe beträgt etwa 36 Gramm, der Durchmesser fast 1,5 Zentimeter und sie besteht aus 0,14 Millimeter dickem, feinem Gold. Am äußeren Rand befinden sich zwei kleine Laschen mit einigen eingestochenen Löchern. Die Scheibe ist kunstvoll verziert und zeigt, dass die Verschönerungen mit großer Sorgfalt vorgearbeitet und fachmännisch vorgenommen wurden. Ähnliche Funde, die in Dänemark gemacht wurden, legen die Vermutung nahe, dass die Goldscheibe zu einem Sonnenwagen gehörte und die diskusförmig gewölbte Scheibe einen zweirädrigen, von einem Pferdegespann gezogenen Wagen lenkte. Viele Mythen berichten von der Vorstellung, dass die Sonne mit einem Pferdewagen über den Himmel fährt. Die Funktion und Bedeutung dieser Symbole sind nicht bekannt. Die Goldscheibe von Moordorf weist jedoch auf die beachtlichen Handelsverbindungen über die Nordsee hin, die in der Bronzezeit bestanden.

Ostfriesland war in dieser Zeit nur sehr dünn von meist sesshaften Menschen besiedelt. Es ist kaum etwas über die Vorgehensweisen der Menschen bei der Feldbestellung bekannt. Die Forscher gehen davon aus, dass in der Jungsteinzeit der Garten- und Feldbau mit Hacken und Spaten auf kleineren Äckern betrieben wurde. Wahrscheinlich setzten die Menschen in dieser Zeit immer öfter Hakenpflüge ein, die die obere Erdschicht aufrissen, jedoch nicht wendeten.

Im Moor, im Gebiet zwischen den Ortschaften Walle und Georgsfeld, wurde ein hölzerner Hakenpflug gefunden. Er ist in einem Stück aus einem Eichenast gearbeitet, und der Pflugbaum hat eine Länge von etwa drei Metern. Aus dem Stamm des Baumes ist die Pflugschar geschnitzt. Die mit Keilen verklemmte Führungs- und Haltevorrichtung an dem Gerät befindet sich in einer mit vier Ecken versehenen Lochung der Schar. Leider wurde der Pflug beim Stechen durch die Torfschicht in viele Einzelteile zerstoßen, sodass der vordere Teil der Pflugschar später nicht mehr kenntlich gemacht werden konnte. Wahrscheinlich lief die Schar nach vorn hin keilförmig spitz zu. Ihre Länge wird auf etwa 60 Zentimeter geschätzt. Der Hakenpflug ist in seiner Art relativ weit entwickelt. Daher nimmt man an, dass er wohl aus der jüngeren Bronze- oder der frühen Eisenzeit – etwa zwischen 1000 und 500 vor Christus – stammt.

Das Beil, als wichtigstes Werkzeug der bäuerlichen Siedler, erhielt in der Bronzezeit eine Form, die die Probleme seiner Schäftung löste. Man benutzte sogenannte Tüllenbeile, die den Holzschaft umschlossen. Dadurch verhinderte man, dass beim Schärfen die Klinge in den Schaft getrieben wurde und ihn spaltete.

In der jüngeren Bronzezeit trugen die Menschen Arm-, Hals- und Kopfschmuck. Die Krieger benutzten Lanzen sowie Pfeil und Bogen. Aus dem Dolch, der am Gürtel getragen wurde, entwickelten sich mit der Zeit Kurz- und Langschwert.

An der Keramik, die nach der Zeitenwende entstand, lässt sich erkennen, dass zahlreiche Einflüsse aus dem Westen, Osten und später aus dem Süden im norddeutschen Küstenraum wirkten. Die Rohstoffversorgung und die Ausrüstung der Menschen mit Metallgeräten verbesserten sich in dieser Zeit erheblich.

Eine interessante Frage ist, wie die Menschen der Region sich kleideten. In der Siedlungsphase nach Christi Geburt trugen die Menschen im Alltag Hose, Kittel, Mantel (Decke) und Lederschuhe. Die Kleider waren nicht selten aus Wollstoffen von hoher Qualität gearbeitet. Gerade auch gut erhaltene Moorleichen, die nach Jahrhunderten entdeckt wurden, haben den Historikern viele Anhaltspunkte gegeben. So wurde beispielsweise in der Nähe des Ortes Bernuthsfeld ein etwa 30-jähriger Mann gefunden. Er war mit einem Mantel aus relativ grober Schafwolle bekleidet, der am Rand mit Fransen

Die Sonnenscheibe von Moordorf.

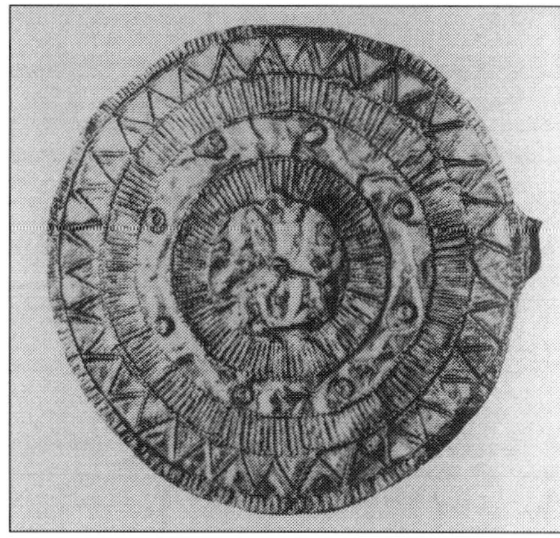

versehen war. Der Mantel bestand aus einem Tuch von minderer Wollqualität und hatte dicke Stichelhaare. Sein Kittel reichte bei einer Länge von etwas mehr als einem Meter bis zu den Knien. Eingenäht waren die Ärmel, die sich zum Handgelenk hin immer mehr verengten. Der Kittel war aus verschiedenen gebrauchten Tuchen zusammengesetzt und im Laufe der Zeit mit Flicken ausgebessert worden. Von auffallender Länge sind die zwei Wickelbinden, die der Mann trug. Sie waren in Tuchbindung gewebt und besaßen eine Länge von 3,70 und 2,92 Metern. Anstatt einer Hose, die der Mann in diesem Fall nicht an hatte, waren die Binden um die Beine gewickelt worden. Die Person hatte lange Haare und einen kurzen Bart. Sie trug eine Stoffkapuze, einen Ledergürtel von etwa 60 Zentimeter Länge und eine Messerscheide. Der Mann war mit einem Haselstock ausgestattet, der wahrscheinlich als Schlagwaffe diente.

Eine Moorleiche aus der Zeit um Christi Geburt wurde in der Nähe der Ortschaft Marx-Etzel gefunden. Dieser Ostfriese trug eine knielange Tuchhose von etwas mehr als 100 Zentimeter Länge und 130 Zentimeter Breite. Die Hose war in einem Stück gewebt, und man hatte dafür feine, sehr fest gedrehte und gut durchgekämmte Schafwolle ausgesucht. Der Kittel war aus heller Schafwolle und ärmellos. Er hatte eine Länge von fast einem Meter und eine Breite von etwa 1,75 Metern. An seinen Füßen trug der Mann Lederschuhe. Sein Schuhwerk war aus einem Lederstück, das so gekonnt geschnitten war, dass der Träger es über dem Fußrücken zusammenschnüren konnte. Es sind Verzierungen daran zu sehen. Die Menschen in der Region waren also mit den typischen Kleidern von Germanen ausgestattet, wie sie römische Bildnisse mit Germanendarstellungen zeigen. Über die Frisur des Menschen kann nichts Genaues gesagt werden. Römische Darstellungen zeigen Germanen mit Haarknoten und Bärten.

In der Zeit nach Christi Geburt gab es rege Handelsverbindungen über ein festes und viel genutztes Wegenetz. Holzwege machten das Durchqueren von Moorgebieten möglich. Zahlreiche Siedlungen entstanden an den natürlichen und mit dem Schiff befahrbaren Wasserläufen; daher ist es wahrscheinlich, dass Waren auch in größerem Maße mit dem Schiff befördert wurden.

Auf der Geest und in der Marsch hatten Ackerbau und Viehwirtschaft zu dieser Zeit eine große Bedeutung. Der Bau der Behausungen richtete sich nach den Erfordernissen der bäuerlichen Bevölkerung und ihrer Art zu wirtschaften. Gewöhnlich waren die Häuser in einen Wohn- und einen Arbeitsbereich sowie einen Stall gegliedert. Die Größe der drei Bereiche war nicht immer gleich, besonders die Stalllängen fielen sehr unterschiedlich aus. Zu einem landwirtschaftlichen Anwesen gehörten nicht selten weitere Nebengebäude, etwa Speicher und Scheunen. Zu dieser Zeit standen die Häuser oft sehr lang und wurden vielfach 100 bis 150 Jahre ohne große bauliche Veränderungen genutzt. Im Laufe größerer Zeitspannen wandelten sich die Höfe und auch die Siedlungsstrukturen. Bei einer wachsenden Bevölkerung nahmen die Wohn-Stall-Häuser in Größe und Länge zu. Im zweiten nachchristlichen Jahrhundert änderten sich zudem die Strukturen der Siedlungen. Höfe wurden nicht mehr ausschließlich einzeln am Rand der genutzten Landflächen errichtet, sondern es entstanden Gruppensiedlungen, die dorfähnlichen Charakter hatten. Die Menschen errichteten Zäune, um ihre Besitzungen voneinander abzugrenzen.

Es gab zu dieser Zeit wahrscheinlich in der Region keine geschlossene Königsherrschaft. Von den Germanen weiß man, dass sich ihre Gesellschaft in Freie, Halbfreie und Sklaven einteilte. Es gibt aber keine Indizien dafür, dass sich in Ostfriesland ähnliche Strukturen ausgebildet hatten. Unabhängig davon entwickelten sich, je nach Fähigkeiten der Hofbesitzer hinsichtlich Viehhaltung, Handwerk und Gewerbe, ärmere und reichere bäuerliche Stellen. Dadurch entstanden im Laufe der Siedlungsphasen auch besonders große Höfe mit viel Vieh. Die Bewirtschafter hatten Kenntnisse und Möglichkeiten, notwendige handwerkliche und gewerbliche Tätigkeiten selbst zu verrichten. Schwächere Bauernfamilien wurden daher nicht selten wirtschaftlich abhängig von sehr erfolgreichen Hofbesitzern.

Nichtsdestotrotz entwickelten sich mit der Zeit aus den Sippen, die sich durch traditionelle und kulturelle Gemeinsamkeiten auszeichneten, germanische Stämme, in denen die freien und waffenfähigen Männer gemeinsam über ihre Rechtsgrundsätze und Ziele berieten und Entschlüsse fassten.

Im 5. Jahrhundert kam es zu einem Rückgang der Besiedlung in der Region. Das Ansteigen des Meeresspiegels, Überflutungen der nahen Küstengebiete und die Zunahme von Feuchtgebieten auf der Geest können die Ursache sein, aber auch die zu starke Besiedlung auf den Sandböden, die oft zu einer Verschlechterung der landwirtschaftlichen Erträge führte und den Fortzug zahlreicher Menschengruppen bewirkte. Die Geschichtsquellen liefern keine endgültige Klärung. Vielleicht sind auch Entwicklungen im Zusammenhang mit den Wanderungen ganzer Volksgruppen um 500 dafür verantwortlich. Ob Teile der Urbevölkerung in der Völkerwanderungszeit auf ihren alten Wohnstätten verblieben, ist nicht eindeutig zu klären.

Gesichert dagegen ist, dass sich die Phase der abnehmenden oder stagnierenden Bevölkerungszahl über etwa zwei Jahrhunderte erstreckt. Im 7. und 8. Jahrhundert kam es zu einer Neubesiedlung der Region. Um 800 war die Bevölkerung bereits vom Christentum beeinflusst; schon mehr als 100 Jahre vorher waren die ersten christlichen Missionierungen auf ostfriesischem Boden durchgeführt worden.

ERSTE KIRCHEN

Im 8. Jahrhundert gehörte Friesland zum Herrschaftsgebiet des Frankenreiches. Handelsbeziehungen prägten das Verhältnis zwischen Friesen und Franken. Die Küstenregion wurde mit der Zeit in das Merowinger- und Karolingerreich integriert, gleichzeitig drang die christliche Mission immer mehr in Friesland vor. Eine bedeutende Rolle dabei spielte der Angelsachse Willehad, ein Schüler des bekannten Missionars und Märtyrers Bonifatius, der bei seinen Bemühungen, den Bewohnern der Nordseeküste die christliche Lehre nahezubringen, im Jahr 754 in Friesland den Tod gefunden hatte. Willehad wurde 780 von Karl dem Großen beauftragt, mit der Mission an der Unterweser zu beginnen. Ergebnis seiner Tätigkeit war im weiteren Verlauf der Geschichte die Gründung des Erzbistums Bremen. Aus dieser Gegend drang dann, von Osten her, das Christentum immer weiter in friesisches Gebiet vor.

Von Süden her predigte zu dieser Zeit der Missionar und Friese Liudger den Menschen an der Ems die Lehre des Jesus Christus. Liudger wurde später Bischof von Münster. Bereits im 9. Jahrhundert gab es nicht wenige christliche Gotteshäuser aus Holz auf ostfriesischem Boden, Klöster dagegen noch keine. Die spätere Teilung Ostfrieslands in die Sprengel des Bistums Münster und des Erzbistums Bremen geht auf die Mission und die Wirkungsbereiche der beiden Missionare zurück.

Um 900 waren die Denkweisen und das Handeln der Einwohner noch lange nicht durchgängig von der christlichen Lehre geprägt. Die Stützpunkte des Christentums, die Kirchen, waren in der Region noch nicht überall zu finden. An manchen Stellen konnten sich heidnische Glaubensinhalte und Bräuche halten oder sie vermischten sich mit dem christlichen Glauben. Götterverehrungen in heidnischen Hainen fanden in einigen Gegenden noch nach dem Jahrtausendwechsel statt. Nicht wenige der ersten christlichen Holzkirchen in Ostfriesland wurden am Ort oder in der Nähe vorchristlicher Kultstätten erbaut.

Im Laufe des 10. Jahrhunderts wollten die Herrscher der Ottonenzeit die neu christianisierten Gebiete des friesischen Raumes fester an die Reichskirche angliedern. Sie unternahmen Anstrengungen, eine Stärkung und einen Ausbau des kirchlichen Einflusses im Gebiet zwischen Ems und Wesermündung zu erwirken. Ein Resultat dieser Bemühungen war die Gründung eines Klerikerstiftes in dem Dorf Reepsholt um 980. Um 1070 gab es bereits 50 Kirchen in der friesischen Region des Bistums Bremen. Die Grenzen zwischen den Diözesen Münster und Bremen, die Karl der Große festgelegt hatte, hatten über das ganze Mittelalter hinaus Bestand.

Es überrascht, dass es in den meisten frühen Christengemeinden Ostfrieslands bereits ein Genossenschafts- oder Gemeindepatronat gab. Gemäß dessen Bestim-

Die Kirche in Engerhafe.

mungen wurden Pfarrer von männlichen Gemeindemitgliedern bestimmt oder auch gewählt. In der Regel entschieden die ökonomisch und sozial einflussreichsten Männer der Dörfer über den einzusetzenden Gemeindepfarrer.

Interessant ist darüber hinaus, dass seit dem 9. Jahrhundert nahezu vordemokratische Strukturen das Leben der Ostfriesen bestimmten. In ihren Landesgemeinden wählten sie sich jeweils zwei Abgesandte, die sich einmal im Jahr zu Pfingsten an einem als „Upstaalsboom" bezeichneten Versammlungsort in der Nähe von Aurich trafen, um über rechtliche Probleme zu sprechen und Richtlinien für ihr gemeinsames Handeln festzulegen. Diese Thingstätte war daher ein Ort, an dem sich die führenden Mitglieder der Landesgemeinden zusammenfanden. Die Landesgemeinden gingen über Ostfriesland weit hinaus und erstreckten sich vom Nordwesten der Niederlande bis nach Bremerhaven. Außergewöhnlich ist auch, dass die Friesen den Franken keine Heeresfolge außerhalb ihrer Heimat leisten mussten, dafür aber die Abwehr der immer wieder ins Frankenreich einfallenden Normannen zu übernehmen hatten. Außerdem verliehen die Franken den Friesen die Freiheit, keinen Herren außer dem Kaiser über sich dulden zu müssen. Diese Freiheit ist als „Friesische Freiheit" bekannt geworden. Gemeinsame große Aufgabe der Küstenbewohner war zu allen Zeiten der Kampf gegen das drohende Meer. Um die Jahrtausendwende begann der Deichbau, der in genossenschaftlicher Praxis bewerkstelligt wurde.

Der in der Karolingerzeit vorherrschende Typus der Holzkirche wurde auch noch oft in der Ottonenzeit erbaut. Man ging aber häufig dazu über, immer mehr Holz-Erde-Bauten zu errichten. Vor allem in den holzarmen Marschgegenden brachten die frühen Gotteshäuser die beachtliche Leistungsfähigkeit der dortigen Menschen zum Ausdruck.

Kirche Suurhusen mit dem schiefsten Turm der Welt.

Der aufwendige Bau von Kirchen aus Stein im 12. Jahrhundert verwundert, weil die Region eher durch einen Mangel an Steinen gekennzeichnet ist. Die Gotteshäuser bestanden aus Feldsteinen und Granitquadern, die aus Findlingen gearbeitet wurden, oder aus Tuff. Überwiegend auf der Geest wurden Granitsteinquader verwendet, die es in der Marsch viel weniger gab. Tuffstein wurde über den Schiffsweg importiert. Man favorisierte dieses Baumaterial, weil es leichter und einfacher zu bearbeiten ist. Die Verwendung von Backsteinen setzte bereits um 1200 ein. Man geht davon aus, dass diese gut zu verarbeitenden Steine in der Region selbst hergestellt wurden. Bei der Besichtigung von Kirchen fällt auf, dass einzelne Bauten aus Granitsteinquadern, Feldsteinen und Backsteinen bestehen, also sämtliche Materialien in einem Gotteshaus Verwendung gefunden haben.

Die meisten kirchlichen Bauten, die das Gesicht Ostfrieslands prägen, wurden im 13. Jahrhundert aus Backsteinen errichtet. Dies war die Zeit eines starken Bevölkerungswachstums mit einem umfangreichen Landesausbau. Das Christentum hatte sich zu dieser Zeit fest etabliert und seine Inhalte waren im Bewusstsein der Menschen verinnerlicht. Der Bau der Gotteshäuser ist Ausdruck dieser Haltung und fast scheint es, als hätten manche Dörfer im Kirchenbau miteinander gewetteifert.

In Ostfriesland wurden bis zur Reformationszeit zudem insgesamt 28 Klöster, Stifte und Ordenshäuser gegründet. Die Gründung neuer Kirchspiele war dagegen im 13. Jahrhundert weitgehend abgeschlossen, ihre Anzahl vermehrte sich in den nächsten sechs Jahrhunderten kaum noch. In den Dörfern der Marsch fielen kirchliche und politische Gemeinden in der Regel zusammen. Die Kirche stellte das Zentrum im Dorfkern dar. Auf der Geest hatten die Kirchspiele häufig wesentlich größere Gebiete inne, wobei sie mehrere Bauernschaften umfassten. Ursache hierfür war meistens die wirtschaftliche Schwäche der Geest.

Zwei Kirchen der Region vermitteln einen guten Eindruck von den Geschehnissen am Ende des 13. Jahrhunderts; sie befinden sich in Engerhafe und in Suurhusen. Das Dorf Engerhafe liegt zwischen Norden und Aurich an einem Geestrand des Brookmerlandes. Sein Gotteshaus wird bereits 1250 in einem Vertrag zwischen der Kirche und politischen Führern des Gebietes genannt. Das sehr hohe Gebäude ist mit Backsteinen gemauert und auf einem von Menschen aufgeschütteten Hügel errichtet worden. Es ist sehr wahrscheinlich, dass dieser Hügel bereits in vorchristlicher Zeit vorhanden gewesen ist und den Einheimischen als Kult- und Versammlungsplatz gedient hat. Die Kirche ist in zwei Bauperioden entstanden, die zeitlich beide in das 13. Jahrhundert fallen. Sie hat vier überwölbte Jochen (Gewölbeabschnitte eines Kirchenschiffes) und eine Apsis (halbrunde Altarnische).

Das raue Klima an der Küste führte dazu, dass das Gebäude oft renoviert werden musste und im Lauf der Jahrhunderte sein Aussehen veränderte. Teile des Bauwerkes wurden im Rahmen dieser Renovierungen aufgegeben und abgebrochen, so etwa die Einwölbungen, die durch eine Decke aus Holz ersetzt wurden, und die Apsis, die seit dem Anfang des 19. Jahrhunderts nicht mehr vorhanden ist. Seit dieser Zeit ist das Kirchenhaus ein 35 Meter langes und rechteckiges Gebäude. Um 1300 wurde die Kirche, wie archäologische Grabungen gezeigt haben, mit einem Ziegel-Fußboden ausgestattet. Das Gebäude hatte sehr wahrscheinlich zwei Vorgängerbauten aus Holz; der ältere ist anscheinend durch einen Brand zerstört worden.

Suurhusen bei Emden taucht in alten Unterlagen als Wohnort erstmals im Jahr 1255 auf. Die Siedlung ist aber wahrscheinlich mehr als 250 Jahre älter. Die ersten Bewohner errichteten ihre Wohnstätten möglicherweise im Südosten der heutigen Kirche, weil sich dort im freien Gelände noch einige Warfen fanden.

Um 1300 war die Kirche etwa 32 Meter lang und mehr als neun Meter breit. Die Bauzeit der Kirche fällt in die erste Hälfte des 13. Jahrhunderts. Sie wurde als Apsissaal ohne Turm gebaut. Dieser Saal weist einen Durchmesser von etwa sieben Metern auf, die Mauern haben ein Fundament aus Eichenstämmen. Die auf einer Warf errichtete Kirche war in alter Zeit nicht nur ein Ort des Gottesdienstes, sondern diente bei Sturmfluten und bei kriegerischen Auseinandersetzungen auch als Zufluchtsort.

Um die Mitte des 14. Jahrhunderts baute man einen Turm von fast 28 Metern Höhe an das Kirchengebäude an. Aus diesem Grund musste die Kirche verkürzt werden: Die Warf war nicht groß genug, um den Turm ohne eine Verkleinerung des Gotteshauses auf dem Erdhügel errichten und an das alte Gebäude ansetzen zu können.

Im Laufe der Jahrhunderte sank als Folge von Entwässerungsmaßnahmen der Grundwasserspiegel ab. Die dadurch verfaulenden Eichenstämme konnten dem Anbau keinen Halt mehr geben, sodass er sich zur Seite neigte. Am Dachfirst hatte der Turm schließlich einen Überhang von fast 2,50 Metern bei einem Neigungswinkel von mehr als fünf Grad. Der Kirchturm von Suurhusen wurde damit zum schiefsten Turm der Welt und für Touristen ein beliebtes Besichtigungsobjekt.

HÄUPTLINGSSITZE

Im Verlauf des 14. Jahrhunderts erschienen die sogenannten Häuptlinge auf der Bildfläche, Personen, die sich aufgrund ihrer Fähigkeiten, wirtschaftlichen Möglichkeiten oder persönlichen Tapferkeit als Anführer und Grundbesitzer hervortaten. Sie gewannen mit der Zeit Macht und obrigkeitliche Gewalt über mehr oder minder große Territorien in der Region. Der wachsende Wohlstand im Küstengebiet begünstigte das Häuptlingswesen; diese Personen beherrschten ihre Untergebenen eher wirtschaftlich über ihren Reichtum und ihre Autorität, wobei sie keine der in Europa damals üblichen feudalen Systeme aufbauten, sondern ein Gefolgschaftssystem. Die Einwohner der jeweiligen Machtbereiche der ostfriesischen Edelleute waren ihren Herren zwar auf verschiedene Weise verpflichtet, blieben aber freie Friesen und konnten sich auch in anderen Gebieten der Region niederlassen.

Fast alle ostfriesischen Häuptlinge waren bestrebt, ihren Wohnsitz als feste Burg zu errichten und mit Wällen und Gräben zu umbauen. Der Besitz einer Burg war Ausdruck einer Sonder- und Machtposition, aber auch eine Stelle, die Schutz und Sicherheit gewährte, wenn man sie so anlegte, dass starke Mauern, Wälle und Gräben für Angreifer schwer zu überwinden waren. Viele ostfriesische Burgen waren allerdings nicht mehr als turmartige Steinhäuser, ihnen fehlte das reizvolle Aussehen einer mittelalterlichen Ritterburg. In der Regel hatten die alten Burgen in Ostfriesland mehrheitlich eine Hauptburg als Mittelpunkt, die aus einem inneren Burggraben emporstieg. Der Graben wurde von einer Brücke überspannt; davor lag der Burgplatz oder auch der Wirtschaftshof mit der Vorburg. Wälle befanden sich auf den anderen Seiten des inneren Grabens. Darum zog sich noch der äußere Graben. Über diesem befand sich eine Brücke, die zur Vorburg führte.

Die Menschen in den damaligen Gemeinden halfen beim Bau der steinernen Häuptlingsburgen, weil die Eingesessenen ein Bedürfnis nach Sicherheit vor Angreifern und Friedensstörern hatten. Die Burgherren stellten umgekehrt den Schutz der umliegenden Landbewohner sicher.

Für Hinte, das Dorf in der Nachbarschaft der Stadt Emden, war für die Zeit um 1500 kennzeichnend, dass es an einem Tief (Kanal) lag, das mit der Stadt Emden und dadurch auch mit der Nordsee verbunden war. Man geht mit einiger Gewissheit davon aus, dass es bereits in den Jahrzehnten nach 1250 ein Steinhaus in dem Dorf gegeben hat, das aber bei den Auseinandersetzungen verschiedener Häuptlinge der Region um 1400 zerstört wurde. Auf Häuptling Haiko von Wynham geht die Osterburg letztendlich zurück, der den Westteil der Anlage neu aufbauen ließ; der Edelmann Aild Allena

Die Burg in Hinte.

hat die Burg zu ihrer endgültigen Grundgestalt erweitert. Sie lag südlich der gotischen Kirche von Hinte, hatte fast einen quadratischen Burgkern, einen Innenhof, einen recht breiten Graben sowie eine Vorburg, die aus zwei lang gestreckten Gebäuden bestand.

Die Seiten des Häuptlingssitzes waren etwa 35 Meter lang und der innere Hof hatte eine Größe von rund 18 mal 16 Metern. Die unterschiedliche Breite der einzelnen Flügel der Burg bedingte, dass deren Anlage nicht quadratisch war. Man vermutet, dass die Burg im 15. Jahrhundert hauptsächlich als Wehranlage gedient haben muss, weil sie einen besonders breiten Wassergraben aufwies und mit dicken Mauern versehen worden war. Man weiß von einer militärischen Niederlage der Burgherren aus der Familie der Allena, die in der Nähe von Loppersum eine Schlacht gegen eine andere Häuptlingsfamilie verloren und sich danach auf ihre Burg in Hinte zurückzogen, um so wenigstens ihr Leben zu retten.

Aber die Anlage diente an der Schwelle vom Mittelalter zur Neuzeit natürlich hauptsächlich als Wohnort. Kamine in dem Gebäude machen dies deutlich und auch, dass alle Räume ausreichend mit Licht versorgt wurden. Aus der Nähe der Anlage zur Kirche in Hinte ist ersichtlich, dass die Kirche auch einen weltlichen Zweck erfüllte; sie war als Ort der Zuflucht für die Einwohner des Dorfes vorgesehen, während die Burg zum Schutz des Burgherren und seiner Familie diente. Dieser war als Häuptling Anführer der Einwohner des Ortes. Die Kirche und die Burg in unmittelbarer Nähe voneinander zu errichten, war daher naheliegend, weil nur so in einer kriegerischen Auseinandersetzung die Organisationsaufgaben und die Durchführung der Verteidigungsaktionen am besten gelingen konnten.

Interessant ist auch ein Blick auf die Osterburg in Groothusen. Das Dorf lag in früheren Zeiten in unmittelbarer Nähe zur Nordsee, als die Bucht von Sielmönken tief ins Land einschnitt. Dann trat ein Verlandungsprozess ein, sodass die Entfernung zur Küste später drei Kilometer betrug. Die Burg befand sich in erhöhter Lage auf einem etwa drei Meter hohen Teil der lang gestreckten Warf aus mittelalterlicher Zeit und war von einem Burggraben umgeben. Bei diesem Gebäude handelte es sich um eine Dreiflügelanlage, deren Mittelteil ein Steinhaus war, das am Ende des Mittelalters von den Häuptlingen der Familie Beninga bewohnt wurde. Dieses zweigeschossige und einflügelige Steinhaus bildete den Kern der Anlage und war fast 24 Meter lang und rund neun Meter breit. Das Steinhaus wies sehr massive Mauern im Grundriss auf, dagegen im Innern dünnere Binnenmauern, und auch die Nebengebäude hatten eine geringe Wandstärke. Die starken Mauern des Mittelflügels der Burg und die Reste eines äußeren Burggrabens unter dem Nord-, Ost- und Südabhang der Warf zeigen, dass die Anlage im Wesentlichen zu Verteidigungszwecken erbaut wurde. Die Steine, die das sogenannte Klosterformat aufweisen, wurden mit Muschelkalkmörtel vermauert. Die Mauern in beiden Stockwerken waren unterschiedlich stark: Während die der Ost-, Süd- und Westseite zwischen einem Meter und 1,20 Meter dick waren, betrug die Breite der Nordwand an der Hofseite 90 Zentimeter.

Die Seitentrakte waren Anbauten, die im Verlauf der Geschichte entstanden, um weiteren Wohnraum zu schaffen und der alten Burg ein schlossähnliches Aussehen zu geben. Der zentrale Hauptflügel der Anlage hatte im Erdgeschoss einen imposanten Saal und im Obergeschoss zwei große Räume. In dem Saal hingen bereits im Jahr 1545, als Wiard Ennen van Upgant und seine Frau Hissa Meckena mit ihren Töchtern Foelke und Siwer hier lebten, einige Familienporträts unter einer massiven Balkendecke an der Nordwand. Bis zum Jahr 1937 fanden hier 49 Familienporträts aus zehn Generationen ihren Platz.

Groothusen war im Mittelalter Versammlungsort der Landesgemeinde des Emsigerlandes. Hier wurden die inneren Angelegenheiten der Gemeinde besprochen. Zudem war der Ort mit seiner Sendkirche St. Petrus Sitz eines Propstes bzw. eines Dekans, der zwölf Kirchspiele verwaltete.

In Bunderhee im ostfriesischen Rheiderland befindet sich das wohl älteste Steinhaus Ostfrieslands. Das Gebäude gilt als der typischste Häuptlingssitz des späten Mittelalters, weil es auch sehr viel von seiner ursprünglichen Form erhalten hat. Das Steinhaus von Bunderhee besaß um 1400 eine Wasserverbindung über einen Burggraben zum Dollart, sodass Schiffe in Bunderhee und in der Nähe des Turms anlegen konnten. Im Mittelalter machte dies der Vorstoß des Dollarts bis an das Geestgebiet von Bunde möglich.

Die Burg liegt im Randbereich eines Geestrückens und wurde sehr wahrscheinlich im 14. Jahrhundert erbaut. Die Anfänge dieses Hauses liegen im Dunkeln. Erzählungen zufolge soll es auf dem Wohnplatz bereits mehr als 400 Jahre zuvor ein burgähnliches Gebäude gegeben haben, was sich aber durch archäologische Untersuchungen nicht

Die Osterburg in Groothusen.

bestätigen lässt. Zeugnisse legen die Vermutung nahe, dass Häuptling Gala Nommcka aus Bunde um 1390 der Besitzer der Anlage war.

Die Burganlage besteht aus zwei Gebäuden, wobei das ältere turmartige Gebäude als das Steinhaus von Bunderhee bezeichnet wird. Das sich daran anschließende Wohnhaus wurde später gebaut. Der Grundriss des Turms ist etwa 7,50 Meter lang und fast 11,50 Meter breit. Die Mauern sind durchschnittlich etwa einen Meter dick. Diese Burg besteht aus einem Untergeschoss oder Keller, zwei oberen Geschossen und dem Dachboden. Das Gebäude diente in dieser Zeit, um das Jahr 1400, hauptsächlich als Schutzturm und Speicherplatz bei kriegerischen Auseinandersetzungen oder in anderen Notzeiten.

Der Keller hatte im Inneren keinen direkten Zugang zu den oberen Geschossen. Wollte man in das erste Geschoss, musste man durch einen Eingang gehen, der etwa drei Meter über der Erde liegt und sich auf der Längsseite in der westlichen Wand befindet. Er war über eine einfache Leitertreppe aus Holz zu erreichen, die bei Bedarf hochgezogen wurde, um das Eintreten von Personen, die in feindlicher Absicht kamen, zu verhindern. Drei Schießscharten in unmittelbarer Nähe des Eingangs ermöglichten die Abwehr von Menschen, die in den Turm eindringen wollten. In allen Wänden des Gebäudes befinden sich kleine Fenster, die als Schießscharten dienen konnten. Eine weitere Leiter im Inneren des Turms ermöglichte den Zugang zum zweiten Geschoss. Von dort kam man über eine ähnliche Leiter in das Dachgeschoss. Diese recht einfachen und beschwerlichen Verbindungen sind damit zu erklären, dass der Turm nur als Schutzbau genutzt wurde, also lediglich bei Bedarf vorübergehend als Aufenthaltsort diente. Erst um 1500 wurde der Wehrturm zum Wohnhaus umgebaut.

SEERÄUBER

Es war der 11. Mai des Jahres 1400. Der starke Wind des Vortages hatte sich gelegt; eine ungewöhnliche Ruhe herrschte in den Straßen der Stadt Emden, als plötzlich dumpfe Geräusche vom Schlagen der Trommeln etwas Furchtbares anzukündigen schienen. Die Menschen wurden geweckt und schauten durch die Fenster ihrer Wohnungen auf die Straße. Ihnen bot sich ein furchtbares Bild: Magere, geschwächte Männer in zerrissenen Kleidern schleppten sich durch die Straßen. Sie bildeten eine elende und traurige Kolonne und waren mit Ketten aneinander gefesselt, die ein lautes, Unheil verheißendes Geklirr von sich gaben. Die 25 so gefesselten Männer trugen Stiefel, wie sie bei Seeleuten üblich waren. Es handelte sich bei ihnen um Piraten, die man zum Tode verurteilt hatte und die jetzt zur Hinrichtungsstätte geführt wurden. Schwer bewaffnete Söldner begleiteten den Zug und trieben die Delinquenten zur Eile an. Drei Anführer der Seeräuber, die trotz ihres Elends eigenwillig und fast stolz ihre Häupter nach oben streckten und sich scheinbar nicht beugen lassen wollten, gingen vornweg und waren mit einer Kette aneinander gebunden. Schließlich erreichte der Zug die Hinrichtungsstätte außerhalb der Stadt. Dort war ein Holzgerüst aufgebaut worden. Ein Pater sprach zum Abschluss einige Worte zu den Todgeweihten, wobei er ein Kreuz in den Himmel streckte und die Männer Gott anbefahl. Der Henker stand schon bereit, sein grausames Handwerk zu vollführen. Er trug eine rote Kappe, die das Hinrichtungsritual noch dämonischer erscheinen ließ. Es waren noch zwei weitere Herren anwesend: ein gut gekleideter Ratsherr und ein Schreiber. Sie waren beauftragt worden, die Durchführung der Hinrichtung zu kontrollieren. Noch einmal ertönte ein Trommelwirbel, dann wurde das Todesurteil ein letztes Mal verlesen und begründet. Daraufhin verloren 25 Seeräuber durch das Henkersschwert ihr Leben. Wie aber kam es zu diesen blutigen Geschehnissen?

Seeräuber, die seit den Anfängen des Handels über die Meere immer wieder in Erscheinung getreten sind, tauchten im Ostseeraum verstärkt seit 1375 auf. Der Tod eines dänischen Königs löste damals kriegerische Auseinandersetzungen zwischen den potenziellen Nachfolgern aus. Die verschiedenen Seiten versuchten, in ihrem Kampf auch Unterstützung bei den auf der Ostsee segelnden Seeräubern zu bekommen. Sie riefen zum Kaperkrieg auf und stellten den Piraten Kaperbriefe aus. In diese Thronfolgestreitereien waren auch die Hansestädte involviert. Die Hanse, die Handelsgemeinschaft von Kaufleuten aus den Hansestädten, war zu der Zeit zu Macht und Einfluss gekommen. Sie versuchte zwar zunächst, Neutralität zu wahren, wurde aber dann in die Kämpfe hineingezogen, weil die Seeräuber, die bei ihren Beutezügen kaum zwischen Freund und Feind unterschieden, auch hansische Handelsschiffe überfielen. Die Räte der Hanse erkannten bald, dass der gesamte Handel in der Ostsee gefährdet war, würde man der Seeräuberplage nicht Herr werden. Erschwerend kam hinzu, dass einige Herrscher, wie etwa Adlige in Mecklenburg, dazu übergingen, Piraten in ihre Dienste zu nehmen, um ihre politischen Pläne zu realisieren. Die Hansestädte an der Ostsee rüsteten daraufhin Schiffe aus – Friedekoggen –, die Jagd auf die Räuber des Meeres machten und die Routen der Handelsschiffe von der Piratenplage befreien sollten. Auf diesen Schiffen waren neben den eigentlichen Schiffsmannschaften Söldner an Bord, die von Hauptleuten befehligt wurden. Man finanzierte die Maßnahmen über zusätzliche Handelszölle, die überwiegend von den Hansestädten entrichtet wurden, die sich nicht direkt an der Piratenjagd beteiligten. Es kam zu ersten Erfolgen bei der Bekämpfung der Seeräuberplage, aber bald auch zu Rückschlägen, weil die Piraten immer wieder Zufluchtsorte fanden, wo sie ihre erbeuteten Waren verkaufen konnten. Uneinigkeiten und Auseinandersetzungen innerhalb des Hansebundes machten es schwer, der Plage dauerhaft Herr zu werden.

In den Jahren vor 1400 stabilisierten sich die politischen Verhältnisse vor allem in Dänemark; die früheren Gegner fanden sich im Kampf gegen die Seeräuber zusammen. Diese wurden daher verstärkt im Nordseeraum aktiv, wo sie vor 1395 nur selten aufgetaucht waren. Die Städte in Ostfriesland gehörten nicht zur Hanse, und gerade diese Tatsache machte die kleinen Häfen und die Inseln dieser Region für die Piraten immer anziehender: Die Kaufleute der Hanse würden sie hier nicht bekämpfen.

Zu dieser Zeit herrschten Häuptlinge in verschiedenen Landesteilen der Region: die Familie tom Brook im Brookmerland, Edo Wiemken in Rüstringen, Folkmar Allena in Osterhusen und Probst Hisko Abdena in Emden. Diese Männer gehörten zu den größten Häuptlingsfamilien ihrer Zeit. Sie waren wegen ihres Machthungers miteinander zerstritten, weil sie immer wieder versuchten, ihre Herrschaftsbereiche zu vergrößern und die Macht und politische Einflussnahme ihrer Nachbarn zu begrenzen. Dadurch entstanden Fehden und Kämpfe, die viel Geld kosteten. Gleichzeitig gab es für die ostfriesischen Häuptlinge einen gefährlichen Feind von außen, nämlich Albrecht von Bayern, der gleichzeitig Graf von Holland war. Für ihn war die Emsmündung mit ihrem fruchtbaren Hinterland ein begehrenswertes Gebiet, das er in seinen Besitz bringen wollte. Aus all diesen Gründen war es für die Häuptlinge wichtig, auch eine starke Seemacht zu unterhalten, um alle potenziellen Angreifer abwehren zu können. So lag der Gedanke nahe, die Seeräuber als Seekrieger für sich einzusetzen. Sie waren kampferprobt, und man gewährte ihnen einen Unterschlupf, weil man dafür zudem einen Teil der erbeuteten Waren erhielt. Diese waren in Ostfriesland begehrt und sie wurden in verschiedenen Küstenorten zum Kauf angeboten. Auf diese Weise fanden die Piraten in der Nordsee ein neues Betätigungsfeld und wurden an den Küsten von Ost- und Westfriesland von unterschiedlichen Häuptlingen für ihre Zwecke eingesetzt.

Die Piraten nannten sich Vitalienbrüder, und auch ihre Gegner bezeichneten sie so. Der Name leitet sich von dem Begriff „Viktualien" (Lebensmittel) ab, und er spielte auf die Selbstbestimmung der Seeräuber an, die im Gegensatz zu mittelalterlichen Söldnern keinen Lohn und keine Verpflegung erhielten, sondern auf Selbstversorgung angewiesen waren und auf eigene Rechnung anstelle eines geregelten Soldes zur See fuhren.

Als erster bot der Häuptling von Rüstringen, Edo Wiemken, den Vitalienbrüdern Unterschlupf, aber es folgten sehr schnell weitere Häuptlinge, die die Waren der Piraten aufkauften, um sie mit viel Gewinn wieder zu veräußern. Um 1396 tauchte der bekannte Piratenführer Klaus Störtebeker erstmals in dem ostfriesischen Ort Marienhafe auf. Marienhafe wurde für ihn zum Stützpunkt und Unterschlupf und auch zu einer Art Heimathafen. Hier konnte er seine erbeuteten Waren veräußern, aber auch bei Gefahr und Verfolgung untertauchen.

Bei den Kaperfahrten der Piraten auf der Nordsee blieben die Handelsschiffe der Hanse nicht verschont, sodass die Seeräuber ein weiteres Mal zu einer Bedrohung für die Kaufleute wurden. Die Hanse sah ihren Handel auf der Nordsee zunächst durch die von Edo Wiemken unterstützten Seeräuber gefährdet und unternahm eine erste Strafexpedition gegen ihn. Am 4. Juli 1398 musste er Lübeck, Hamburg und Bremen zusichern, die Vitalienbrüder aus seinem Herrschaftsbereich zu verweisen und zukünftig keine Unterstützung mehr zu gewähren. Edo hielt sich jedoch nicht an sein Versprechen, zumal er in der stärker werdenden Macht der tom Brook eine Gefahr sah, und trachtete danach, deren Einflussbereich unbedingt einzuschränken. Auch andere Feinde im Landesinnern fürchtete er, so u. a. den Propst Hisko Abdena von Emden, der sich aber zeitgleich auch Fehden mit den Edelleuten aus dem Hause tom Brook lieferte.

Trotz der Vereinbarung vom Juli 1398 fühlten sich die Seeräuber sehr sicher in der Region und setzten ihre Kaperfahrten gegen Schiffe der Hanse fort. Dieser Bund der mächtigen Kaufleute war im Frühjahr des Jahres 1400 endgültig nicht mehr gewillt, dem Treiben der Piraten auf der Nordsee machtlos ausgeliefert zu sein. Man rüstete sich zum großen Strafgericht, und eine starke „Friedeflotte“ mit elf Schiffen setzte sich am 22. April 1400 in Bewegung, um im Verbund mit den Holländern die Vitalienbrüder im Bereich von Jade, Weser und Ems zu bekämpfen.

Erst am 5. Mai erreichten die Schiffe die Westerems, mussten dort aber erfahren, dass die Piraten sich in der Osterems aufhalten sollten. Hier kam es schließlich auch zum Kampf gegen die Vitalienbrüder. Die Piraten wehrten sich mit aller Kraft, waren aber der Übermacht der Hanseflotte nicht gewachsen. Von den etwa 200 Piraten wurden 80 im Kampf getötet oder über Bord geworfen. Viele konnten sich zunächst dadurch retten, dass sie ins Wassers sprangen und schwimmend die Küste erreichten. Die Hanse machte schließlich 25 Gefangene, mit denen man nach Emden segelte. Es waren diese Vitalienbrüder, die am 11. Mai 1400 hingerichtet wurden.

Im Franziskanerkloster der Stadt Emden versammelte die Hanse sodann alle zerstrittenen Häuptlinge. Mit ihnen sollte geklärt werden, wie das Treiben der Seeräuber zukünftig verhindert werden könne. Den Bevollmächtigten der mächtigen Kaufleute aus Hamburg, Bremen und anderen Hansestädten war klar, dass die Fehden der Häupt-

Das Störtebeker-Denkmal Marienhafe erinnert an den Seeräuber Klaus Störtebeker.

linge beendet werden mussten, damit diese die Piraten nicht mehr für ihre Zwecke benutzten.

Die Verhandlungen zogen sich bis zum 23. Mai 1400 hin. Die Herren der Hanse nahmen am Vormittag dieses Tages an einem langen Tisch Platz, dann betraten die ostfriesischen Häuptlinge den großen Raum. Sie waren sehr beeindruckt von dem konsequenten Vorgehen der Hanse. Um ihrer Forderung nach der zukünftigen Ächtung von Piraten im Nordseeraum Nachdruck zu verleihen, hatten einzelne Häuptlinge den Vertretern des Hansebündnisses bereits ihre Steinhäuser als Pfand überlassen. Mit dieser Maßnahme sollten sie davon abgehalten werden, noch einmal mit den Piraten zu paktieren.

Die Hanse hatte Stärke gezeigt und demonstriert, dass sie der Piratenplage Herr werden konnte. Trotzdem war sie gewillt, gegenüber den bisherigen Förderern und Nutznießern der Vitalienbrüder Milde zu zeigen; sie wollte vor allem zwischen den ostfriesischen Gegnern Frieden stiften. Und tatsächlich erklärten sich die Ostfriesen mit den Forderungen der Kaufleute aus den Hansestädten einverstanden. Sie versprachen dafür Sorge zu tragen, dass die Handelsschiffe von nun an die Nordsee sicher befahren könnten, und sie versprachen, die Vitalienbrüder zukünftig überall zu bekämpfen. Eine Urkunde über die Aussöhnung wurde an diesem Tag von 25 Häuptlingen und fünf Landschaftsvertretern unterschrieben.

Die Hanse hoffte, mit dieser Übereinkunft dauerhaft die Piratenplage im Griff zu haben. Die Hauptanführer der Seeräuber waren jedoch entkommen und noch immer auf freiem Fuß. Störtebeker, so hieß es, habe in Holland Unterschlupf gefunden, eine weitere Gruppe der Vitalienbrüder schien nach Norwegen geflüchtet zu sein. Ein bekannter und gefürchteter Anführer der Piraten, Gödeke Michel, wurde im Frühjahr 1401 wieder auf See aktiv und beunruhigte dadurch die Hansekaufleute. Störtebeker erhielt derweil einen Kaperbrief von dem holländischen Grafen Albrecht und kehrte auf die Nordsee zurück. Die Hanse ließ ihre Handelsschiffe daher nur noch im Flottenverband über die Nordsee segeln, immer im Schutz sie begleitender und gut bewaffneter Friedeschiffe, die mit zahlreichen Kriegsknechten bemannt waren.

Diese Maßnahmen waren zeitraubend, kostspielig und organisatorisch aufwendig. Die Hamburger machten daher mit ihren Schiffen Jagd vor allem auf Störtebeker und Gödeke Michel. Störtebeker wurde relativ schnell vor Helgoland gefangen genommen und im Oktober 1401 auf dem Grasbrook, einer unbebauten Landfläche vor den Toren Hamburgs, durch Enthauptung hingerichtet. Sein Haupt und die Köpfe seiner Männer wurden als Abschreckung am Ufer der Elbe für alle sichtbar auf Holzpfählen aufgespießt und nebeneinander aufgestellt.

Gödeke Michel wurde Ende 1401 im Gebiet von Weser und Jade erwischt und im Frühjahr 1402 mit seinen Männern ebenfalls in Hamburg enthauptet. Die Aktivitäten der Seeräuber im Gebiet der Nordsee und von Ostfriesland waren damit aber noch nicht beendet. Störtebekers Nachfolger setzten die Räubereien fort, und die Streitereien der ostfriesischen Häuptlinge nahmen wieder zu, sodass ihnen die Piraten als Kämpfer erneut willkommen waren und sie ihnen Unterschlupf gewährten. Besonders Hisko von Emden ließ es zu, dass die Hafenstadt für die Vitalienbrüder praktisch eine offene Stadt war. Keno tom Brook, der alte Erzfeind von Hisko, warnte die Hanse, die so erfuhr, dass von Emden aus hansische Schiffe, die mit wertvollen Waren beladen waren, überfallen wurden. Die Seeräuber brachten nach erfolgreicher Kaperung ihr erbeutetes Gut nach Emden, um es dort zu veräußern.

Erst im Mai 1407, nach langen und zähen Beratungen zwischen den Vertretern der Hansestädte, stellte man eine Seewehr gegen die Piraten zusammen. Die Bemühungen hatten aber keinen durchschlagenden Erfolg, denn immer wieder musste die Hanse erleben, wie ihre Handelsschiffe Opfer der Piraterie wurden. Im Mai 1408 liefen zwei Koggen der Hanse und sechs weitere Schiffe mit Unterstützung von holländischen Schiffen und insgesamt rund 700 Mann Besatzung aus, um den Piraten und ihren ostfriesischen Verbündeten den Garaus zu machen. Zahlreiche Seeräuber wurden gefangen genommen und hingerichtet, Burgen ihrer Förderer belagert und zerstört, andere Verbündete von ihrem Besitz vertrieben.

Die Störtebeker-Kirche in Marienhafe.

Die Hanse zog sich nach ihren Jagden auf Seeräuber stets recht schnell wieder aus Ostfriesland zurück. Die Kaufleute kamen jedoch zu der Erkenntnis, dass Piraten immer wieder von verschiedenen Häuptlingen aufgenommen wurden. Erst als sich der Kaufmannsbund entschloss, Emden nach einer Expedition gegen Seeräuber im Jahr 1433 dauernd besetzt zu halten, kam die Piraterie relativ schnell zum Erliegen. Um die Mitte des 15. Jahrhunderts kam es auch zum Ende der Auseinandersetzungen zwischen den herrschsüchtigen ostfriesischen Häuptlingen. Weil ihnen die Besatzung und Verwaltung Emdens langfristig zu teuer wurde, verließen die Hamburger die Stadt und übertrugen die obrigkeitliche Gewalt auf die Häuptlingsfamilie Cirksena aus Greetsiel. Der Kaiser erhob Ulrich Cirksena 1464 in den Grafenstand und Ostfriesland wurde eine Reichsgrafschaft des Heiligen Römischen Reiches Deutscher Nation. Die Cirksena bestimmten die Geschicke Ostfrieslands bis 1744 als Grafen und Fürsten.

DAS KLOSTER IHLOW

Von der Ems bei Oldersum führt ein Weg über Ihlow nach Aurich. Das Bodenniveau steigt in Richtung Auricher Geest stetig an und erreicht auf der Ihlower Geestkuppe einen ersten hohen Punkt. Hier lag das Kloster Ihlow mit seinen zahlreichen Acker- und Waldflächen, eines von 28 mittelalterlichen Klöstern in Ostfriesland. Vier Burgen sicherten den Weg allein auf dem Gebiet der Ortschaft Ihlow. Das eigentliche Klostergelände war von einer Wallanlage umgeben und ein von einem Graben umfasstes Terrain grenzte das Klosterareal von den anliegenden Landflächen ab. Der Wall diente dazu, weidendes Vieh von den Äckern des Klosters fernzuhalten, bildete aber gleichzeitig einen im Binnenland liegenden Deich zum Schutz vor Sturmfluten.

Drei Wasserläufe versorgten das Kloster mit Wasser: das Krumme Tief, der Reiherschloot sowie die Rinne, die im 15. Jahrhundert aus nordwestlicher Richtung kommend bis an das Kloster heranreichte und unmittelbar bei dem Klausurgebäude den Mönchen genügend frisches Wasser lieferte, um das Leben der zahlreichen Klosterbewohner überhaupt möglich zu machen. Die Ländereien, die an das Klostergelände grenzten, wurden landwirtschaftlich genutzt. Im Vordergrund stand der Ackerbau. Das Kloster war nicht, wie sonst bei christlichen Ordensgemeinschaften üblich, in einer einsamen Gegend entstanden. Es lag an einem wichtigen Verkehrsweg, der von zahlreichen Burgen und Wehranlagen zwischen der Ems und Aurich abgesichert wurde.

Das Herz der klösterlichen Anlage, die Kirche, besaß imposante Ausmaße. Bei einer Länge von etwa 70 Metern und eine Breite von rund 35 Metern betrug ihre Höhe 45 Meter. Damit war es das größte Gotteshaus des Mittelalters im Gebiet zwischen Bremen und Groningen. Es wurde mit mehreren Millionen Backsteinen errichtet, die aus Lauenburger Ton hergestellt worden waren. Dieser Ton ist eine Ablagerung aus uralter Zeit. Lauenburger Ton bildete das Basismaterial bei der Herstellung der Steine, die nach einem mehrteiligen Verfahren zum Schluss geformt und gebrannt wurden. Man fand den Ton in der Nähe der Ortschaft Schirum bei Aurich. Heute vermutet man, dass die Ihlower Backsteine dort in einer Ziegelei hergestellt und auf dem Wasserweg des Krummen Tiefs bis an das Kloster herangeschifft wurden. Aus ihnen wurde zunächst der Chor und danach das Langhaus errichtet. Die Maurer des Mittelalters haben die Außenmauern zweischalig angelegt und in einem so regelmäßigen Mauerverband gestaltet, dass Risse nicht leicht entstehen konnten. Die Wände im Kircheninnern waren nicht verputzt, sodass die Steine sichtbar blieben. Diese strenge Nüchternheit war gewollt, da sich die Mönche ganz auf ihren Gottesdienst, auf Gebet und Meditation konzentrieren sollten.

Die Stahl- und Holzkonstruktion soll das Gewölbe von Altarraum und Querhaus nachbilden, die Backsteinpfeiler das frühere Kirchenschiff.

Die Zisterzienser entstanden aus einer Reformbewegung des Benediktinerordens. Sie verfolgten als Ziel die Rückkehr zu den Idealen der Benediktiner. Diese waren im 11. Jahrhundert durch Stiftungen, Spenden und Schenkungen sehr vermögend geworden und hatten nach Ansicht ihrer Kritiker die Regeln des Benedikt von Nursia nahezu aufgegeben. Daher entstand in der Nähe der französischen Stadt Dijon im Jahr 1098 durch reformwillige Mönche ein Kloster, das sich zur Aufgabe und Regel machte, die Ideale der einfachen Lebensweise, der Arbeitsamkeit und der Abgeschiedenheit von weltlichen Dingen neu zu beleben.

In den nächsten Jahrzehnten entstanden weitere Klöster dieser Art zunächst auf französischem Boden, doch bereits im Jahr 1123 begann die Reformbewegung in Deutschland mit der Gründung des Klosters Kamp am Niederrhein Fuß zu fassen. Voraussetzung für eine Neugründung war, dass von landbeherrschenden Persönlichkeiten ein Terrain für ein neues Kloster zur Verfügung gestellt wurde. Danach entsandte ein Mutterkloster eine Abordnung von Mönchen und Laienbrüdern unter der Leitung eines Abtes in das Gebiet, um mit dem Aufbau zu beginnen. War dieses neue Kloster fest konstituiert und mit genügend Mönchen besetzt, konnte es weitere Tochterklöster gründen. Mit der Zeit entstanden 91 Männerklöster der Zisterzienser auf deutschem

Boden. In Europa waren es mehr als 800, die sich auf die ursprünglichen Benediktinerregeln beriefen. Die Mönche zogen es vor, Neugründungen überwiegend in ganz abgelegenen oder unbesiedelten Gegenden vorzunehmen. Sie machten sich zur Aufgabe, ein Gebiet zu kolonisieren und den Grund und Boden urbar zu machen. Dabei war eine konsequente Selbstbewirtschaftung der Klosterländereien ihr Prinzip.

Im Jahr 1228 begann der Aufbau einer Zisterzienserabtei im Ihlower Wald. Ein Grund zu dieser Klostergründung ist aber bereits im Jahr 1216 zu finden, als sich Bewohner des Doppelklosters Meerhusen bei Aurich darum bemühten, in den Zisterzienserorden aufgenommen zu werden. Meerhusen ist ursprünglich ein Doppelkloster der Benediktiner gewesen. Der Konvent wurde in den letzten beiden Jahrzehnten vor 1200 gegründet. Nach Reepsholt ist Meerhusen damit das zweitälteste Kloster in Ostfriesland. Die Entscheidung über die Bitte nach Aufnahme bei den Zisterziensern musste im Generalkapitel der Zisterzienser in Citeaux in Frankreich gefällt werden. Die Verhältnisse in Ostfriesland wurden daraufhin von Vertretern des Ordens untersucht, und 1219 erfolgte die Genehmigung, die Nonnen und Mönche bei den Zisterziensern aufzunehmen. Das Kloster Ihlow wurde daraufhin für die Mönche erbaut.

Der Tagesablauf der Männer war durch die festen Gebetszeiten in der Kirche genau strukturiert. Schon in den frühen Morgenstunden, zwischen vier und sechs Uhr, begann das erste Gebet. Die letzte Andacht wurde nach Sonnenuntergang vollzogen. Danach sprach man nicht mehr, sondern begab sich zur Nachtruhe, die am nächsten Morgen mit dem ersten Gebet endete. Täglich fand eine Heilige Messe statt. Gegliedert war der Tagesablauf der Ordensmänner in zwei große Bereiche: Lesung und Arbeit. Die Handarbeit war bei den Zisterziensern hoch geschätzt, wie auch die kontemplative Innerlichkeit, die durch das gemeinsame Chorgebet der Mönche, aber auch durch individuelle Meditation und stille Andachten zum Ausdruck kam. Die Mönche waren mit einer grauen Tunika (Obergewand, Kutte) und einem schwarzen Skapulier (Überwurf über die Tunika, Schulterkleid) bekleidet. Bei kirchlichen Zeremonien trugen sie über dem Alltagsgewand eine weiße Kukulle, das liturgische Mönchsgewand.

Alle Teile der Klosteranlage waren rational angelegte Bauten, die allein ihren Zweck erfüllen mussten und nicht prunkhaft wirken sollten. So wurde auf Schmuck in der Klosterkirche verzichtet und der Altar bestand nur aus einem einfachen Holzkreuz. Trotzdem gab es Fußbodenfliesen vor allem im Chor und in der Vierung (Raum zwischen Haupt- und Querschiff einer Kirche) des Gotteshauses. Es handelt sich um inkrustierte Fliesen. Die Fliesen haben figürliche Darstellungen, aber auch geometrische Muster. Zu erkennen sind heute nach Ausgrabungen noch viele Tierdarstellungen und Fabelwesen, die wahrscheinlich auf die Bedeutungslehre von Pflanzen, Tieren und Fabelwesen aus der Frühzeit des Christentums zurückgehen.

Die Fliesen wurden im Verlauf der Klostergeschichte mehrfach ausgetauscht, sodass vermutet werden kann, dass Neubelegungen des Bodens etwa alle 60 Jahre erfolgten. In den Anfängen des Zisterzienserklosters Ihlow sind Darstellungen von Mensch und Tier

Bodenfliese aus der Klosterkirche mit einer figürlichen Darstellung.

nicht erlaubt gewesen, sodass auf Fliesen aus der Gründerzeit nur pflanzliche Motive zu sehen waren.

Im Außenbereich des Klausurgebäudes befand sich der große Klostergarten. Mit den Mönchen wurde in der friesischen Region der systematische Gartenbau eingeführt. Der Klostergarten diente der Selbstversorgung mit Gemüse und Obst, war aber ebenso für den Anbau von Heilkräutern wichtig. Der Garten hatte für die Menschen des Mittelalters auch eine religiöse Bedeutung, erinnerte er doch an den paradiesischen Garten Eden. Das klösterliche Leben in Verbindung mit dem Gartenbau lieferte den Mönchen eine spirituelle Grundlage, weil ihnen die Beschäftigung mit den Kräutern, Blumen und Bäumen immer wieder die Vergänglichkeit und das Neuentstehen in der Natur vor Augen führte.

Der Wasserlauf der Rinne wurde so kanalisiert, dass er die Mönche in unmittelbarer Nähe der Klosterküche und einiger Werkstätten mit Wasser versorgte. Durch das Ziel des Ordens, von der eigenen Arbeit leben zu wollen, kam es in den Zisterzienserklöstern zur Einrichtung von zwei getrennten Bruderschaften. So waren für die Handarbeiten im Kloster Laienbrüder zuständig, die wegen ihrer umfangreichen Tätigkeiten weniger Gebetsverpflichtungen als die Mönche hatten. Sie lebten in einem Seitenflügel des Klosters unter sich, hatten auch ihre eigenen Stühle in der Kirche, die getrennt von den Plätzen der Mönche zu finden waren. Die Laienbrüder besaßen bei Beratungen und Entscheidungen des Ordens kein Mitspracherecht. Oft stammten sie aus den sozialen Unterschichten, viele waren Nachkommen von Landarbeitern und Tagelöhnern. Was die Entwicklung des Ordens hinsichtlich der Kultivierung von Ländereien bei Klosterneugründungen betrifft, erwirtschafteten letztlich die Laienbrüder den Wohlstand der Zisterzienser. Ihre vielfältigen Tätigkeiten machten es notwendig, dass sie auch außerhalb der Klosteranlagen auf Wirtschaftshöfen des Ordens lebten. Im Gebiet von Ihlow befanden sich allein vier Vorwerke ganz in der Nähe der Klosteranlage: die Höfe Swanenborg, Oldersumer Grashaus, Katholischer Platz und Mönnikeborgum. Weitere Vorwerke gab es im Raum von Riepe, in der Krummhörn, im Rheiderland und bei Dornum und Timmel. Die klösterlichen Besitzungen waren demnach weit gestreut und auf den drei ostfriesischen Landschaftsformen Marsch, Geest und Moor zu finden, sodass entsprechend der Bodenart unterschiedliche Agrarformen in den Vordergrund traten. In der Marsch betrieben die Ordensmänner eher Viehwirtschaft, die Geest nutzten sie vorwiegend als Ackerland und in den Moorgebieten legten sie den Schwerpunkt auf die Schafzucht und den Torfabbau. Daneben taten sich die Mönche in der nachhaltigen und mengen- und qualitätsgerechten Aufzucht von Fischen sehr hervor. Sie hielten in Teichen mit stehendem Wasser die Fische, die von Natur aus ruhige Gewässer bevorzugen, vor allem Karpfen und Schleien.

Auch in handwerklicher Arbeit leisteten die Ordensmänner Beachtliches. Das disziplinierte Vorgehen bei Tätigkeiten in den Werkstätten des Klosters führte zu zahlreichen Neuerungen in verschiedenen Bereichen des Handwerks und der Agrarwirtschaft. Waren und Naturprodukte, die nicht in den eigenen Anlagen benötigt wurden, bot vor allem das klösterliche Stadthaus in Emden zum Verkauf an. Geldgeschäfte waren Teil des klösterlichen Handels und Wirtschaftens. Durch ihre wirtschaftliche Stärke war das Kloster Ihlow ein gesellschaftlicher Machtfaktor in Ostfriesland, sodass seine führenden Persönlichkeiten bei der Abfassung von Verträgen mitwirkten und sie sogar besiegelten. Daneben sprachen sie Recht, schlichteten Fehden und traten als Deich- und Sielrichter in Erscheinung.

Neben den Zisterziensern waren auch andere Orden in Ostfriesland tätig. Wohl in keiner anderen Region gab es im mittelalterlichen Deutschland eine so hohe Konzentration von Klöstern wie in Ostfriesland. Diese wurden überwiegend im 12. und 13. Jahrhundert gegründet und gehörten in ihrer Mehrzahl zu den Ordensgemeinschaften, die in Westeuropa am stärksten vertreten waren. Über die Gründung der ersten Klöster in der Region ist allerdings kaum etwas bekannt. Gesichert ist, dass das Kloster Reepsholt im Jahr 983 durch Chorherren, die keinem Orden angehörten, entstanden ist. Mehr als 200 Jahre später fanden sich in Ostfriesland Klöster der großen Ordensgemeinschaften,

Die Klosterstätte Ihlow in der Gesamtschau.

etwa der Benediktiner, der Prämonstratenser, der Johanniter, der Kameliter und der Augustiner.

Der Einfluss der Klosterorden auf die mittelalterliche Gesellschaft in Ostfriesland war groß. Die Mönche haben bei der Förderung des Handels und der Landwirtschaft entscheidend mitgewirkt und sie waren maßgeblich an der Kultivierung sumpfiger und unwirtlicher Ländereien beteiligt. Im Zuge der Reformation wurden die ostfriesischen Klöster aufgelöst, ihre Bauwerke abgerissen oder säkularisiert, indem man sie vielfach zu Domänen des Landesherren umwandelte. Dabei gingen auch die zahlreichen schriftlichen Zeugnisse, Urkunden und Verträge sowie andere wertvolle Archivalien verloren.

Auf der Klosteranlage in Ihlow entstand fast 500 Jahre später ein archäologischer Park, der die historische Bedeutung der Klöster und der Mönche wieder ins öffentliche Bewusstsein rücken soll. Zentraler Bestandteil dieses Parks ist eine Stahlkonstruktion der alten Klosterkirche, die die beeindruckende Größe des mittelalterlichen Gotteshauses verdeutlicht.

VOM WANDEL DER MODE

Mit der Reformation am Anfang des 16. Jahrhunderts vollzogen sich nicht nur im Kirchenwesen weitreichende Veränderungen; die Umwandlungen betrafen fast alle gesellschaftlichen Bereiche. So wurden beispielsweise die Kleider- und Luxusfragen in der ersten Hälfte des 16. Jahrhunderts neu thematisiert. Die Bediensteten der landesherrlichen Verwaltung hatten sich mit der Frage auseinanderzusetzen, welche Mode für welchen gesellschaftlichen Stand als angemessen gelten konnte. Demnach hat es eine einzuhaltende Kleiderordnung für alle sozialen Schichten gegeben. Die Menschen lebten auch auf dem Gebiet der Mode in den Grenzen, die ihnen durch ihre Zugehörigkeit zu einem Stand vorgegeben waren. Die Kleidung sollte vor allem Standesunterschiede sichtbar machen.

Nach der Reformation gab es in Ostfriesland drei Stände: Ritterschaft, Stadtbürger und landbesitzende Bauern. Die Kleidung eines Ritters bestand vorwiegend aus reiner Seide und war mit goldenen und vergoldeten Spangen und Sternchen besetzt. Der Rock reichte bis zum Unterschenkel und war je nach Zuschnitt unterschiedlich gearbeitet, wobei der Geschmack des Trägers oder des Herstellers den Ausschlag gab. In der kalten Jahreszeit trugen die Edelleute darüber auch Pelze, die aus dem Ausland importiert wurden.

Der betuchte Stadtbürger war bestrebt, sich hinsichtlich seiner Bekleidung an dem Edelmann zu orientieren. Wenn es ihm möglich war, leistete er sich fast ebenso hochwertige Stoffe wie der Ritter. Die Oberbekleidung war in der Regel aus englischer oder flämischer Halbseide hergestellt. Die Winterpelze bestanden aus Wiesel- oder Fischotterfellen, die wahrscheinlich aus landeseigener Produktion kamen: Die Küstenregion zeichnete sich durch Wasser- und Wildreichtum aus. Der durchschnittliche Bürger kleidete sich entsprechend seinem Vermögen entweder mit ganz unterschiedlichen Stoffen, aber auch mit Schaf- und anderen Tierpelzen.

Die Frauen des Ritterstandes und vornehme bürgerliche Damen trugen gern Kleider aus Halb- und Vollseide in roter Farbe, die mit Gold durchwebt waren. Die Frauen der Bauern bevorzugten dagegen kurze grüne oder rote Faltenröcke. Diese waren mit silbernen oder goldenen Knöpfen und Schnallen versehen, die sie über der Achsel zuhakten. Wie ein Paar Flügel hingen vorne zwei Stoffstreifen herunter.

Die Damenschuhe bestanden aus rotem oder grünem Stoff und waren mit silbernen oder goldenen Schnallen ausgestattet. Die Kleider, die dazu noch mit klingenden Schellen geschmückt waren, betrachtete man in den ersten Jahrzehnten des 16. Jahrhunderts bereits als nicht mehr zeitgemäß. Es ist davon auszugehen, dass sie noch auf Vorbilder

Vornehme Dame um 1580.

aus Frankreich und dem Orient zurückgingen. Diese Trachten wurden nach den Reformationsjahren immer weniger getragen.

Besonders in den Städten, wie etwa in der bedeutenden Hafenstadt Emden, wandelten sich Sprache, Kleidermode und die gesamte Lebensart im 16. Jahrhundert sehr schnell. Darüber hinaus kam es ganz langsam zu einer Einebnung der sozialen Standesunterschiede. Von verschiedenen Seiten wurde diese Entwicklung bedauert, weil man Gleichmacherei und die Einförmigkeit des gesellschaftlichen Lebens befürchtete. Konservative Kräfte forderten die Rückkehr zu den alten Sitten und Gebräuchen. Diese Stimmen beklagten, dass selbst Einwohner ohne Grund und Boden vom Bürger und Bauern und sogar vom Adligen kaum noch zu unterscheiden seien. Sie kritisierten auch, dass viele Vermögende sich erlaubt hätten, deutsche und englische Stoffe zu tragen und ihre Kleider mit Satin, Damast, Samt und Halbseide zu besetzen.

Auch die weibliche Landbevölkerung orientierte sich an den städtischen Bürgerinnen und leistete sich modische Kleider, vor allem Hauben, Wülste und Schmuck. Die Anhänger der alten Kleiderordnung fanden nur wenig Gehör, lediglich in Polizeiverordnungen wurden einige wenige Einschränkungen festgelegt.

Um 1700 trugen die wohlhabenden Bauern in der Regel silberne Knöpfe an ihren Kleidern, und sie zogen manchmal sogar mehrere Hemdröcke oder kurze Kamisolen (Unterkleider) übereinander an. Die Teile wurden so zugeknöpft, dass für andere Personen alle drei Reihen mit den wertvollen Knöpfen zu sehen waren.

Auch den Frauen sagten die Zeitzeugen nach, dass sie gern ihre wertvollen Kleider zur Schau stellten. Die Frauen ließen ihre Ärmel mit silbernen und goldenen Borten besetzen, wobei sie silberne Knöpfe bevorzugten. Ihre Kleider waren häufig von edlen Stoffen, die manche adelige Person gar nicht besaß. Oft versahen die Hersteller die Kleider mit Spitzen; diese fanden sich reichlich an den getragenen Stoffen, aber auch an Kindersachen, Kissen und Bettzeug. All dieser Luxus wurde Besuchern bereits im Wochenbett präsentiert.

Sehr viel Beachtung schenkten die Damen ihren Hauben, die ebenfalls mit silbernen und goldenen Borten besetzt waren und aus wertvollen Stoffen bestanden, in denen zusätzlich noch goldene und silberne Blumen eingearbeitet waren. Dazu kamen kostbare edelsteinerne Ringe, wertvolle Bügeltaschen, die mit silbernen und goldenen Spitzen versehen wurden, sowie teure Halstücher. Es kam wohl sogar vor, dass eine Bauersfrau zu dieser Zeit bis zu 20 wertvolle seidene Kleider besaß. Allein die Kappen und Hauben mancher Frauen kosteten zusammen rund 200 Taler, die Kleider in vielen Fällen 800 bis 1.000 Taler.

Ein Bericht eines Zeitgenossen ist erhalten, der um 1800 die Bekleidung der Knechte und Mägde auf den Höfen Ostfrieslands beschrieb. Es lag ihm sehr daran, auf das seiner Meinung nach sehr saubere Auftreten der Bediensteten auf dem Lande hinzuweisen. Seine Ausführungen mögen auf Beobachtungen fußen, für die Mehrheit der in der Landwirtschaft beschäftigten Menschen traf die folgende Beschreibung aber sicherlich nicht zu. Man kann sich heute des Eindrucks nicht erwehren, dass der Autor die Verhältnisse stark idealisiert darstellte. Er zeigte sich besonders von dem blendenden Weiß beeindruckt, das die Knechte und Landarbeiter getragen hätten. Die Hose und die Jacke bestünden aus Leinen, darunter trügen sie sogenannte Futterhemden aus buntem Kamelhaar oder blauem Wollzeug, das zu der sonstigen Bekleidung gut passte. Um den Hals hätten sie gewöhnlich ein rotseidenes Tuch, das den fein gearbeiteten silbernen oder goldenen Hemdknopf durchscheinen ließe.

Die glatt zurückgebundenen Haare der Mägde hätten Kappen von schwarzem Samt oder anderem Stoff bedeckt, alles mit Gold- oder Silbertressen besetzt. Sie würden durch weiße Spitzen und rotseidene Bänder verschönert. Unter ihren bunten Röcken aus selbstgesponnener Wolle trügen sie feine Mieder und blaue Strümpfe, die mit einer roten Blume verziert seien. Auf ihren Schuhen befänden sich glänzende Schnallen von schwerem Silber.

Ganz anders kleideten sich die Ostfriesen bei feierlichen Anlässen. Seit der Barockzeit waren Bestattungszeremonien in der Region oft sehr verschwenderisch ausgestattet. Die Behörden erließen deswegen sogar Luxusverordnungen zur Einschränkung des Kleiderverbrauchs. In der Zeit der friderizianischen Regierung sah man sich zu der Verordnung veranlasst, dass bei Bestattungen nur noch schwarze Hüte mit herabhängendem Flor getragen werden durften. Für die anschließenden sechs Wochen war das Tragen eines schwarzen Flors um den Arm gestattet. In einer Trauerfamilie durfte zudem für Bedienstete und das Gesinde keine eigene Trauerkleidung mehr angeschafft werden.

Graf Edzard I. von Ostfriesland (1461–1528), genannt Edzard der Große.

Um 1820 bestand die Kleidung vor allem der jüngeren männlichen Generation aus langer Hose, Weste und Jacke oder einer Art Überrock, der noch nicht ganz bis zu den Knien reichte. Dazu trug man ein halbwollenes Brusttuch, grauwollene Strümpfe und Schuhe. Auf Reisen bevorzugten die Menschen Stiefel. Die Kleidung war nach zeitgenössischem Urteil warm und bequem. Die Arbeiter und auch viele Bauern in Geestgebieten trugen ihre kurzen Jacken meistens ohne Westen, dazu kurze Hosen, die nur bis zum Knie reichten. Am beliebtesten waren dunkle Farben, besonders blaue, schwarzgraue oder auch braune Töne.

Fast nur Kleider aus dem Inland trugen die Frauen auf der Geest. Sie hatten rotwollene Unterröcke und darüber vor allem im Winter manchmal zwei Röcke, wovon ein Rock meistens aus Wolle, der andere aus Leinengarn gewebt war und vielfach rote, grüne oder gelbe Streifen hatte. Dazu trugen sie ein sogenanntes Brusttuch und darüber eine Jacke aus einem qualitativ besseren Stoff. Außerdem hatten viele Frauen eine Schürze um und sie trugen oft auch ein Halstuch. Ihre Köpfe bedeckten sie mit einem bunten Käppchen, darüber saß eine weiße Leinenmütze mit Spitzen. Gelegentlich war diese Kleidung auch bei Bauersfrauen der westlichen Marsch zu sehen. Hier sah man auch immer mehr Dienstmädchen und Kinder ohne eine Kopfbedeckung.

Viele Bauersfrauen kleideten sich besser, wenn die Familie wohlhabend wurde. Statt des rotwollenen Unterrocks ließen sie sich einen von angenehmerer, brauner Farbe

Betagte Ostfriesin nach 1900.

stricken. Ihre Röcke waren wie ihre Jacken dünner, ohne Streifen und gewöhnlich dunkelblau gefärbt. Wenn sie ausgingen, zogen sie sich häufig einen bunten Rock aus Kattun (glattes, leinwandartig gewebtes, ziemlich dichtes Baumwollzeug) oder auch ein ganzes Kleid aus Kattun an, wozu sie im Winter einen sogenannten Spencer (ärmelloses Kurzjäckchen) kombinierten. Diesen verwendeten auch Dienstmädchen, allerdings ohne eine Jacke darunter. Die jüngeren Frauen trugen keine Kopfbedeckung, hatten ihre Haare aber in der Regel geflochten.

Im östlichen Ostfriesland war diese Bekleidung schon weniger gebräuchlich, weil man sich mehr am städtischen Vorbild orientierte. Hier waren die Bauernmädchen von den Stadtmädchen kaum noch zu unterscheiden, weil sie sich durch eine ungezwungene Art auszeichneten. Im westlichen Ostfriesland war die Mode wieder ganz anders, der Aufwand und der Stellenwert der Kleidung auch nicht so bedeutend. Um sich zu schmücken, trugen die Frauen lediglich ein Halsband aus Glasperlen mit einem goldenen Schloss. Das war der einzige Schmuck, während man früher sogenannte Ohreisen oder Spangen getragen hatte, die häufig aus Gold gefertigt waren.

Um 1850 bestand die Kleidung einer wohlhabenden Bäuerin aus einem sehr weiten Faltenrock, der rot, dunkelblau oder grün gestreift war. Dazu kam eine breite grüne oder braune Schürze. Oberhalb der Taille trugen sie ein „Bostrock“ (Brusttuch) und darüber das sogenannte Timtuch, das aus feiner Wolle bestand. Verschönert wurde die

Melkerin und Knecht um 1910.

Kleidung durch farbige Streifen, seidene Bändchen und silberne Knöpfe. Ihre niedrigen Schuhe waren aus feinem Leder und hatten keine Schnallen.

Die Männer kleideten sich einfacher. Sie trugen meist Kniebundhosen aus schwarzem Samtmanchester, Schuhe mit großen Spangen und lange Röcke aus dunkelblauem Stoff sowie als Kopfbedeckung Zylinderhüte. Die einfachen Leute auf dem Land waren oft Selbstversorger, die ihre Kleider selbst aus den vorhandenen Materialien herstellten. Die Rohstoffe dazu waren Wolle, Schaffelle, selbsterzeugtes Leinen und Holz für die „Klumpen“ (Holzschuhe).

Um die Mitte des 19. Jahrhunderts verdrängte die industriell gefertigte Kleidung aus Fabriken allmählich die regionalen Trachten und Bekleidungsgewohnheiten.

UNTERWEGS MIT WALFÄNGERN

Nirgends steigt eine Wassersäule hoch. Der Mann im Ausguck schaut sich konzentriert um. Die Seeleute warten auf seinen Ruf: „Fall, fall over all! Fisch vörut!“ Aber kein Wal ist in Sicht. Das Schiff passiert das Jan-Mayen-Eiland. Irgendwann tauchen Eisschollen auf, später riesige Berge aus Eis.

Der Walfänger ist am 20. April 1720 mit 44 Mann Besatzung und acht Schaluppen ausgelaufen. Der Kommandeur ist der 39-jährige Gerrit Daniels Meyer von der Insel Borkum, überhaupt besteht fast die gesamte Mannschaft aus Bewohnern des ostfriesischen Eilandes. Meyer lässt noch einmal die Schaluppen, alle Riemen und Taue, jede Harpune und Lanze überprüfen. Dann endlich der schon lang erwartete Ruf aus dem Krähennest, der meldet, dass es Beute gibt. Die erste Schaluppe wird ins Wasser gelassen und rudert vom Schiff ab. Der Harpunier ist vorne im Boot. In seiner Nähe steht konzentriert der Leinenschießer. Die Matrosen sitzen an den Riemen und bewegen das Boot keuchend und mit ganzer Kraft voran. Antreibendes Eis wird mit Haken von dem Gefährt weggestoßen. Dann sehen die Männer den Koloss in einer Entfernung von etwa 60 Metern. Sie hören sein Blasen, während der Harpunier langsam seinen Arm hebt, zum Schwung ausholt und die Harpune davonsausen lässt. Das Geschoss frisst sich in die Speckschicht des grauen Riesen, der daraufhin abtaucht. Die auslaufende Leine folgt, dann taucht das Tier wieder auf.

Noch zwei Schaluppen kommen zu Hilfe; weitere Harpunen bohren sich in den Walkörper. Der Riese taucht zweimal kurz und schlägt mit seiner großen Schwanzflosse das Wasser. Die Harpunen sitzen gut. Vier Minuten dauert der Kampf, den die Borkumer Walfänger wieder einmal für sich entscheiden. Der Todeskampf ist vorbei, das Tier treibt schräg liegend auf dem Wasser. Ein großer Blutstrahl ist im Meer zu erkennen. Die Männer kappen den Schwanz, befestigen die Schlepptrosse und die drei Schaluppen ziehen den Fang zum Schiff. Als alle wieder an Bord sind, wird die Geneverflasche aus der Kajüte geholt und die Matrosen trinken nach der anstrengenden Arbeit erschöpft, aber zufrieden und erleichtert auf die erfolgreiche Jagd.

Diese typische Episode wurde von einem Chronisten festgehalten. Fahrten wie diese haben Seeleute aus Ostfriesland in dieser Zeit häufig unternommen. Die Geschichte des Walfangs begann auf Borkum nach 1600. Die Holländer und Engländer drangen am Anfang dieses Jahrhunderts bis Island und Grönland vor, um in den nordischen Gewässern dem Wal nachzustellen. Der Holländer Barents erreichte um 1612 die Insel Jan Mayen nordöstlich von Island und Spitzbergen. Die ostfriesischen Borkumer lebten zu dieser Zeit vor allem vom Fischfang, betrieben aber nebenbei auch Landwirtschaft.

Der alte Leuchtturm auf Borkum. Der ursprüngliche Kirchturm diente den Schiffen als Navigationshilfe.

Im Jahr 1606 waren auf der Insel zwölf kleine Schiffe beheimatet, von denen neun für die Fischerei verwendet wurden. Der Fischfang und die damit verbundenen Küstenfahrten ließen erfahrene Seeleute auf der Insel heranwachsen, die sich dann irgendwann auch bei Reedereien vor allem in Amsterdam und Hamburg sowie in der ostfriesischen Hafenmetropole Emden bewarben. Sie wussten, dass die Versorgung der Menschen mit tierischem Öl ein großes Problem, aber auch ein gutes Geschäft darstellte. Wale lieferten dieses Öl in großen Mengen. Bekannt war auch, dass diese Tiere vor allem in den nordischen Gewässern leben.

Die Borkumer ließen sich von den unheimlichen Stürmen und riesigen Eisbergen dieser Region nicht abschrecken. Mittlerweile waren auch die Schiffe so gebaut, dass eine Seefahrt in dieser unwirklichen Welt aus Eis möglich wurde. Erste Versuche waren Jahre zuvor kläglich gescheitert, zahlreiche Schiffe waren verunglückt und Menschen umgekommen. Die Männer der Insel fanden auf den Walfangschiffen Verwendung als Matrosen, aber auch als Harpuniere und Steuerleute. Bald gab es unter den Walfangfischern sogar Kommandeure, die von dem ostfriesischen Eiland stammten. So fuhren im Jahr 1700 bereits drei Borkumer als Kommandeure auf Walfängern. Die Insulaner hatten einen Verdienst, der viel höher als der Lohn aus Fischfang und Frachtfahrt lag. Gefährlicher war die Arbeit auf jeden Fall, aber der Antrieb, mehr zu verdienen und von der Welt außerhalb der Insel etwas kennenzulernen, war stark.

Grabstein auf dem Kirchhof am alten Leuchtturm auf Borkum.

Gerrit Daniels Meyer begleitete seinen Vater bereits als Junge und ging ihm bei der Arbeit auf dem Schiff zur Hand. Schon 1713, mit 32 Jahren, war er Steuermann auf einem holländischen Walfänger. Zwei Jahre später bot sich ihm die Chance, bei der Reederei Claes Kron als Kommandeur ein Schiff zu befehligen. Am Anfang dieser Fahrten fuhr er auf den Schiffen „De 3 Gebroeders“ und „T’lant van beloft“. Meyer brachte es im Verlauf seines Berufslebens zu einem gewissen Wohlstand.

Wer auf einem Walfänger anheuerte, verließ in der Regel zwischen April und Oktober die heimatliche Insel Borkum und brachte sechs bis acht Monate auf der tobenden See zu. Neben dem Verdienst ließen sich die Männer von der Gefahr und der Aufregung locken; sie liebten den Kampf mit der Natur und der Kreatur. Ihr Interesse galt vor allem dem Grönlandwal, der sich von kleineren Fischen, Krebsen und Kerbtieren ernährt. Weil diese Tierchen durch seine Barten ausgeseiht werden, wird er auch Bartwal genannt. Dieser Riese wird 15 bis 20 Meter lang, einige Tonnen schwer und hat eine sehr dicke Fettschicht von bis zu 45 Zentimetern. Er verlangte den Männern viel Geduld ab, und wenn sie ihn entdeckten, war die Freude groß. Die Tiere leben sehr gesellig zusammen, weswegen die Gruppen der gewaltigen Kreaturen auch „Walschulen“ genannt werden. Die Bartwale sind besonders träge und langsame Schwimmer. Da sie keine natürlichen Feinde kennen, fühlen sie sich sehr sicher, sodass Schaluppen mit den acht bis zehn Ruderern und dem Harpunier nahe an die Tiere heranrudern konnten

Kommandeur Roloff Gerrits Meyer brachte Kinnladen und Rippenknochen von Walen als Trophäen mit nach Hause und errichtete damit seinen Gartenzaun, der heute unter Denkmalschutz steht.

und die Arbeit des Harpuniers dadurch sehr erleichtert wurde. Saß die Harpune in der Fettschicht, begann gewöhnlich ein harter Kampf, denn der riesige Fisch wusste um sein Leben zu kämpfen. Er brachte manche Schaluppe und sogar das Mutterschiff in so große Gefahr, dass die Wasserfahrzeuge zu kentern drohten.

In den frühen Jahren des Walfangs wurden die getöteten Tiere in Trankochereien auf dem Festland der grönländischen Buchten verarbeitet. Später waren die Fangschiffe so ausgerüstet, dass diese Arbeiten an Bord durchgeführt werden konnten. Das sparte Zeit und Geld. Das Fleisch der Kolosse wurde von den Mannschaften verzehrt.

Im Jahr 1735 lebten auf Borkum bereits 16 Männer, die als Kommandeure zum Walfang ausfuhren. Sie stellten sich selbst ihre Mannschaften zusammen, die nicht selten aus vielen Borkumer Männern bestanden. In der Hochzeit des Walfangs lebten etwa 25 Prozent der Inselbewohner vom Walfang, in der Regel als Kommandeure, Offiziere, Steuermänner oder Harpuniere. 1769 waren schon 22 Schiffskommandeure auf der Insel zu Hause. Ein Sohn des Kommandeurs Meyer, Roloff Gerrits Meyer, wurde in den Jahren zwischen 1736 und 1781 zum erfolgreichsten Borkumer Walfänger. Er unternahm in dieser Zeit 44 Fahrten und fing insgesamt 301 Wale.

Die langen Fangfahrten in die Gewässer des hohen Nordens forderten auch Opfer. So ließen gewaltige Stürme und gefährliche Eisgänge manche Schiffe untergehen. Selten gelang es den Mannschaften, sich auf das Eis zu retten, in der Hoffnung, Schiffe in der Nähe könnten sie aufnehmen. Manche Schiffe blieben für immer verschollen;

Szene aus dem Emder Hafen um 1910.

sie sind mitsamt der ganzen Besatzung irgendwo im Nordmeer untergegangen. 1734 lebten auf der Insel 80 Familien, die ihren Hauptlebensunterhalt durch den Walfang bestritten. Gleichzeitig lebten auf Borkum in diesem Jahr 40 Witwen, deren Männer auf See den Tod gefunden hatten. Den Witwen und Waisen der Insel Borkum wurde aber beigestanden: Hilfsgemeinschaften der Seefahrer stellten sicher, dass die Familien der verunglückten Walfänger versorgt wurden.

Die Schiffsleute, die während einer Fangsaison auf den Walfängern verstarben, wurden in der Regel auf einer Insel begraben, Doodemanns Eiland genannt. Allein die Borkumer brachten ihre Toten in verpichten Eichensärgen auf die Insel zurück, um die Kameraden auf dem Friedhof am alten Leuchtturm zu bestatten. Dort findet man heute noch die Grabstellen der Walfangkommandeure Gerrit Daniels Meyer und Roloff Gerrits Meyer. Ihre Gräber sind mit Walknochen bestückt. In der Nähe kann man auch noch Zäune aus Walkinnladen entdecken, die heute unter Denkmalschutz stehen.

Um das Jahr 1780 kam es zu kriegerischen Auseinandersetzungen zwischen England und Holland, die sich hauptsächlich auf See abspielten. Eine Folge dieser Ereignisse war der langsame Niedergang, den die Walfangfahrten der Amsterdamer Reeder erleben mussten. Viele der in ihrem Dienst stehenden Borkumer Walfänger gingen zur Handelsschifffahrt, die weniger gefährlich war. Die große Zeit der Borkumer Waljäger war noch vor 1800 beendet.

BEI DEN KLOOTSCHIESSERN

Auf den ersten Blick handelte es sich um ein ganz normales Treffen, das die fünf Männer aus Loppersum und Wirdum abhielten. An einem Märztag des Jahres 1731 saßen sie an einem langen Tisch in der Schankwirtschaft des Tjark Freese. Vor einer Woche hatten sie dieses Treffen vereinbart, um über das geplante Klootschießen ihrer Dörfer zu sprechen und die nötigen Vorbereitungen dafür zu treffen. Der Wetteinsatz war eigentlich schon vor dem Treffen klar: Es wurde um Bier geworfen, um viel Bier. Wie immer wollten die Dorfgemeinschaften das Klootschießen mit einem großen Fest in der Schänke von Tjark Freese abschließen und so manches Glas leeren. Der Verlierer würde die Zeche zu zahlen haben. So hatten sie es auch in der Vergangenheit gehalten.

Die Tradition, dass Dörfer Wettkämpfe im Klootschießen veranstalten, ist sehr alt. Bereits aus dem Jahr 1510 liegt eine Urkunde vor, die über das Klootschießen berichtet. Bei einem Wettkampf wurde damals ein Mann mit dem Wurfgerät am Kopf getroffen und schwer verletzt. Die Klageschrift zu diesem Ereignis ist in Ostfriesland das älteste Schriftstück, in dem das Klootschießen thematisiert wird.

Das Klootschießen ist sicherlich noch viel älter und Forscher sind sich bis heute nicht klar darüber, ob sich dieses friesische Spiel aus alten Kriegstechniken, bei denen die Friesen ihre Gegner mit Bleikugeln beworfen haben, oder einfach nur aus dem Spieltrieb des Menschen entwickelt hat. Für die kriegerischen Ursprünge spricht, dass sich viele der natürlichen Sportgeräte aus ihren ursprünglichen Formen als Angriffs- oder Verteidigungswaffen herausgebildet haben. Interessant ist auch, dass das Klootschießen an der gesamten Nordseeküste, in Irland, Nordirland und Holland betrieben wird.

Das Klootschießen der Küstenbewohner ist als Ballspiel zu betrachten, bei dem es darum geht, mit einer Mannschaft oder auch allein eine möglichst hohe Wurfweite zu erzielen. Das Wort Kloot bedeutet Kugel und ist die Bezeichnung für das Wurfgerät. Es ist eine Holzkugel, die durchbohrt und mit Blei ausgegossen wird. Der Werfer muss sich durch Schnelligkeit, Kraft, Koordinationsvermögen und Konzentration auszeichnen, um die komplexe Wurftechnik richtig ausführen zu können. Ein kurzer, zum Ende hin sehr schneller Steigerungslauf wird mit einem Sprung von einem Absprungbrett abgeschlossen. Der Werfer dreht sich im Flug in eine Seitgrätschstellung und katapultiert bei sehr schneller und kraftvoller Kreisbewegung des Wurfarmes die Kugel aus der Hand. Zweck des Werfens ist es, eine möglichst hohe Flugweite (Flüchtweite) der Kugel zu erzielen. Das Absprungbrett stellt ein Hilfsmittel für den Werfer dar und ist gleichzeitig die Abwurflinie, von der bis zum ersten Aufprall der Kugel auf die Erde die Weite gemessen wird. Es gibt Feld- und Standkämpfe. Feldkämpfe tragen die Klootschießer als Mannschaftssport bei Frostwetter quer über Wiesen und Weiden aus. Bei diesen Feldkämpfen misst man die Weite des Kloots nicht bis zum Aufschlagpunkt der Kugel auf den Boden, sondern bis zu der Stelle, an der die Kugel nach dem Ausrollen liegen bleibt.

Eine Abwandlung des Klootschießens ist das viel jüngere und heute über die Grenzen der Küstenregion hinaus bekannte Boßeln. Als Wurfstrecken dienen für das Boßeln Straßen, für die die Mannschaften aus Gründen der Verkehrssicherheit eine behördliche Genehmigung einholen müssen. Die Boßelkugel ist größer als ein Kloot, besteht aus Pockholz oder auch aus Gummi. Man verzichtet beim Straßenboßeln auf ein Absprungbrett, ansonsten ist die Spielidee mit der des Klootschießens identisch. Die Technik ist aber viel leichter zu erlernen, sodass auch ungeübte Werfer aller Altersgruppen das Boßelspiel betreiben können. Der Bewegungsablauf ähnelt dem des Kegelns. Das Boßeln ist in den letzten 50 Jahren in Ostfriesland und anliegenden Regionen zu einem Volkssport geworden.

Die Friesen betrieben das Klootschießen in alter Zeit vorwiegend im Winter und warfen den Kloot hauptsächlich über Eisflächen. So berichten es alte Quellen. Bereits aus der Zeit um 1550 existieren Schriftstücke, die erkennen lassen, dass die Kirche es kurz nach der Reformation nicht gern sah, wenn die Menschen sich mit diesem Spiel die Zeit vertrieben. Denn die Klootschießer gingen vor allem sonntags ihrem Freizeitvergnügen nach und verbrachten dadurch diesen besonderen christlichen Ruhetag der Woche, an dem auch der Kirchgang stattfand, in „unchristlicher“ Weise.

Daher fand das Treffen der fünf Bevollmächtigten der Dörfer Loppersum und Wirdum, die in der Schenke von Tjark Freese ihre Unterredung durchführten, unter schlechten Vorzeichen statt. Die Stimmung der Männer an diesem 15. März 1731 war sicherlich nicht gut. Denn die Lage der Klootschießer hatte sich durch ein Verbot, das der ostfriesische Fürst Georg Albrecht ausgesprochen hatte, sehr verschlechtert.

In dieser Verordnung vom 9. Februar 1731 war die Rede davon, dass das Klootschießen oft zu großer Unordnung mit „Saufen, Fressen, Schelten und gräulichem Fluchen“ geführt habe. Das Spiel werde als Wettkampf um Geld, Bier oder andere Getränke betrieben und ganze Gemeinden, Dörfer sowie Nachbarschaften würden sich herausfordern und „zum Ärgernis frommer Leute und der Jugend zu bösen Exempel dienende Exzesse“ betreiben. Die Zeit werde „liederlich zugebracht“ und „die nötige Arbeit und das Hauswesen oft versäumt“. Unnütze und zum Teil beschwerliche Ausgaben würden die Schießenden und die Personen belasten, die Wetten abgeschlossen hätten. Der ostfriesische Fürst könne „diesem ärgerlichen Unwesen sowohl aus eigener Bewegung als auch auf Veranlassung einiger rechtschaffener darüber seufzende Prediger“ nicht länger dulden.

Einwohner, die dennoch das Klootschießen um Geld, Bier oder andere Getränke organisierten, daran teilnahmen oder Wetten durchführten, sollten eine Geldstrafe in Höhe von 20 Gulden zu zahlen haben. Schlägereien, die sich aufgrund eines Klootschießer-

Klootschießer im 19. Jahrhundert.

wettkampfes zwischen wenigen Personen oder ganzen Dorfschaften ergeben würden, sollten zu einer Verdoppelung der Strafe führen. Darüber hinaus seien zukünftig alle Prozesse, die aus solchen Wettkämpfen und Wetten resultieren würden, unzulässig.

Viele Ostfriesen fanden sich in den folgenden Jahren nicht mit dem Verbot ab. So verabredeten sich im Januar 1732 drei Soldaten der Auricher Garnison zu einem Wettbewerb. In diesem Fall ging es um eine sportliche Auseinandersetzung. Die Soldaten wollten wissen, wer der beste Klootschießer des Trios war. Da sie um keinen Wetteinsatz kämpften, gingen sie davon aus, dass ihr Klootschießen von dem behördlichen Verbot nicht betroffen war. Dennoch mussten sie sich verantworten. Sie gaben zu, den Wettbewerb sogar zwei Tage nacheinander und unter Anwesenheit ihrer Unteroffiziere und weiterer Kameraden durchgeführt zu haben. Nach einer Belehrung durch die Behörden versicherten sie, sich zukünftig an das Verbot zu halten und keine Wettkämpfe mehr zu veranstalten. Die Behörden versuchten auch noch in preußischer Zeit das Verbot konsequent durchzusetzen. Es zeigte sich jedoch, dass die lokalen Amtmänner, die die Lebensverhältnisse in den ostfriesischen Gemeinden genau kannten, nicht alle rigide Verfechter des Verbots waren.

Im Februar 1771 führten die Bewohner von Westermarsch und Süderneuland ein Klootschießen durch. Nach Aufforderung durch seine Vorgesetzten berichtete dazu der zuständige Amtsverwalter Damm fast verständnisvoll, dass die dortigen Einwoh-

Die Wettkämpfe der Klootschießer sind seit jeher Großereignisse im Land der Friesen.

ner in den Wintermonaten wenig Gelegenheit hätten, sich körperlich zu betätigen, weil in der kalten Jahreszeit auch in mehreren Manufakturen die Arbeit zum Erliegen komme. Dennoch wurden die Klootschießer von der Provinzialbehörde als „Übeltäter" bezeichnet und es wurde für beide Ortsmannschaften eine Strafe in Höhe von 20 Gulden ausgesprochen. Die Westermarscher und Süderneulander Klootschießer gaben den Wettkampf zu und bestätigten auch, dass um größere Mengen Bier gespielt worden war. Im Winter des folgenden Jahres trugen die Ortschaften Osteel und Victorbur einen Wettkampf aus. Es wurde Anklage erhoben und die Beteiligten bekannten sich zu ihrer ungesetzlichen Handlung. In diesem Fall sah die Behörde von einer Bestrafung ab, nachdem die Mannschaften versichert hatten, nie wieder ein Klootschießen durchzuführen.

In der Folgezeit kam es zu weiteren Übertretungen des Verbots. Den Predigern in den Kirchengemeinden fiel nun die Aufgabe zu, die Bevölkerung im Sonntagsgottesdienst daran zu erinnern, dass sie sich dieser Freizeitaktivitäten zu enthalten hätten. Die Ermahnungen von der Kanzel erfolgten im Amt Wittmund beispielsweise im Winter 1799. Sie hielten die Menschen der dortigen Gegend aber nicht davon ab, mit den Leuten aus Burhafe ein Wettschießen durchzuführen, das immerhin etwa 500 Zuschauer anlockte. An diesem kalten Januartag hatte der Wind, der am Vortag noch kräftig aus Nordwest geblasen hatte, seine Kraft verloren. Die Wittmunder und Burhafer waren

Friesensportler des Plaggenburger Klootschießer- und Boßelvereins in alter Zeit.

mitten in ihrem Wettkampf, als Vertreter der Behörden auftauchten. Sie hatten den Auftrag, das Klootschießen der Mannschaften zu stoppen. Als die Behördenvertreter nach einer mündlichen Ermahnung rigide einschreiten wollten, widersetzten sich die Burhafer, die das Spiel zu Ende führen wollten. Die Werfer ignorierten die Amtsleute; die vielen Zuschauer drängten sie sogar ab. Die Vertreter der Provinzialbehörde sahen sich angesichts der Vielzahl der Menschen nicht in der Lage, ihren Auftrag durchzuführen. Konsequenzen durch die Behörden aufgrund der Missachtung blieben nicht aus. Man drohte allen Schankwirten den Verlust ihrer Gewerbeberechtigung an, falls sie weiterhin auf bestimmte Mannschaften wetten oder die Zecher nach dem Spiel bewirten sollten. Es blieb jedoch bei der Drohung; anscheinend war man es leid, immer mal wieder gegen begeisterte Werfer vorgehen zu müssen.

Trotz aller gesetzlichen Verordnungen gingen die Menschen weiterhin dem Klootschießen nach, und mit den Jahren änderte sich auch die Sichtweise der staatlichen Stellen. Verständnis für die Menschen zeigte sich nach dem Jahrhundertwechsel immer häufiger bei den Behörden, die zur Freizeitbeschäftigung der Ostfriesen Stellung beziehen mussten. Häufig hieß es in deren Gutachten, dass der einfache Mann die Freuden des geselligen Lebens wenig kenne. Er solle doch nicht das verlieren, was ihm Erholung und Vergnügen bereite, ohne ihm eine andere Freizeitmöglichkeit dafür anbieten zu können.

Man kam irgendwann zu der Erkenntnis, dass das Klootschießen eine sinnvolle körperliche Übung und ein besonderes, sehr altes und in der Bevölkerung fest verankertes Spiel der Küstenbewohner sei. Die Behörden begannen sich in dieser Zeit für die körperliche Ertüchtigung junger Männer zu interessieren. Bereits vor 1800 kam es zu ersten wissenschaftlichen Veröffentlichungen, die den Wert und die positive Bedeutung gymnastischer Bewegungen und Spiele priesen. Erste Leitfäden für Gymnastik und Turnen erschienen, die Schriften von GutsMuths und Jahn wurden populär und Turnvereine entstanden. Bald wurde das Boßeln als angemessene körperliche Ertüchtigung für das Landvolk Ostfrieslands angesehen. Es bekam mehr und mehr eine positive Bewertung. Und da gerade das Klootschießen im Winter ausgeübt werde, sei es für Ostfriesen besonders gut geeignet, weil die Menschen im Winter wenig Gelegenheit hätten, sich zu betätigen und sich körperlich fit zu halten. So würde das Klootschießen letztendlich der Berufstätigkeit und -tüchtigkeit zugute kommen.

Unter diesen Voraussetzungen war es naheliegend, dass zunächst Turnvereine das Klootschießen aufnahmen, bevor sich später reine Klootschießer- und Boßelervereine bildeten. Ein Höhepunkt in der Entwicklung des Klootschießens war schließlich die Gründung des Friesischen Klootschießerverbandes e. V. im Jahr 1902.

TEETRINKEN IN OSTFRIESLAND

Warum wird das Teetrinken als typisch ostfriesisch angesehen? Zur Beantwortung dieser Frage lohnt ein Blick in die frühe Neuzeit. Um 1500 unterschieden sich die Ernährungsgewohnheiten der sozialen Schichten kaum voneinander. So bestand das Frühstück vom einfachen Bewohner auf dem Land bis zum ostfriesischen Edelmann der Region zumeist aus einem warmen Brei, der heißen Wasser- oder Biersuppe sowie dem kalten Morgengetränk, das aus Buttermilch, Wasser, Bier oder Wein bestand. Das Bier war nicht nur ein traditionelles Getränk der breiten Bevölkerung, sondern eines der wichtigsten Nahrungsmittel überhaupt. Vor der Einführung der Kartoffel in Europa lieferte es den Menschen wichtige Kalorien. Es wurde zum Brot und zum Brei getrunken und fand auch als Suppe Verwendung. Gleichwohl kritisierten Zeitgenossen in Ostfriesland den übermäßigen Genuss dieses Getränks und klagten über die Bierschwelgerei in den Bierhäusern und Bierschenken in Stadt und Land. In diesem Zusammenhang entstand eine bürgerliche Mäßigkeitsbewegung. Die Verhältnisse des 16. Jahrhunderts boten jedoch keine guten Voraussetzungen für eine Änderung der Trinkgewohnheiten.

Ab dem 17. Jahrhundert kamen Kaffee und Tee über den Fernhandel nach Europa und es begann sich abzuzeichnen, dass damit Ersatz für das beliebte Bier gefunden war. Zwei holländische Schiffe, die sich im Rahmen des Gewürzhandels betätigten, brachten im Jahr 1610 kleine Mengen grünen Tees aus Japan mit nach Europa. Bis etwa 1640 wurde Tee im Rahmen der Handelsgeschäfte mit Asien nur gelegentlich mitgeliefert, aber bald kam er vor allem in den Niederlanden in Gebrauch. Tee blieb aber über die Jahrhundertmitte hinaus ein Mitbringsel der größeren Gewürzunternehmen, die mit ihren Schiffen in Amsterdam anlandeten, zu dieser Zeit eine der wichtigsten Metropolen des europäischen Handels. Bald warben holländische Mediziner für den Tee, den sie bei vielen Krankheiten als Heilmittel anwandten. Somit wurde die Nachfrage gesteigert und der Tee über die holländischen Grenzen hinaus populär. Nach 1680 wurden auch die Engländer im Teehandel sehr aktiv. Die europäische Nachfrage nach Tee und Kaffee steigerte sich. Holländische Kaufleute waren es auch, die dem Tee in Ostfriesland zur Bekanntheit verhalfen. Einige von ihnen waren in der Region und vor allem in der Stadt Emden dauernd ansässig, handelten mit dem Tee und versorgten die mittlerweile in Emden vorhandenen Tee- und Kaffeehäuser und den ostfriesischen Fürstenhof von Amsterdam aus. Die in der Hafenstadt existierenden Kaffeehäuser sowie die Spezialgeschäfte für Tee wurden am Ende des 17. Jahrhunderts ausschließlich von Holländern betrieben. Auffallend ist darüber hinaus, dass man die Getränke Tee und Kaffee zu diesem Zeitpunkt überwiegend im Adel, dem Stadtbürgertum und in den Teilen der wohlhabenden Marschbauern konsumierte, die in geringer Entfernung von Emden lebten. In den ländlichen Gebieten dagegen tranken die Einwohner weiterhin das kalorienreiche Bier. Die staatlichen Stellen plädierten für die Beibehaltung dieser Gewohnheit, weil Tee und Kaffee auf die unteren Stände zwar eine anregende Wirkung hätten, aber in der Ernährung als unbedeutend angesehen werden könnten. Die Änderung der Trinkgewohnheiten vollzog sich daher in den ländlichen Gegenden recht langsam und in den verschiedenen Ständen und sozialen Gruppen recht unterschiedlich.

Im europäischen Adel galt es nach 1700 als schick, Tee und Kaffee zu konsumieren. Beide Getränke waren wegen ihrer anregenden Wirkung gut geeignet, den Start der europäischen Adelsangehörigen in den Tag zu verbessern. Gleichzeitig strebten die Adligen danach, sich mit dem Genuss der exotischen Getränke zu präsentieren, galt man dann doch als modisch.

Wie auch in anderen europäischen Städten dieser Zeit üblich, genossen die gehobenen Emder Bürgersleute die exotischen Getränke Kaffee und Tee in einem der belebten Kaffeehäuser. Nicht jeder Bürger konnte ein solches Etablissement eröffnen; man benötigte dafür die Genehmigung des Stadtrates. Dieses Verfahren war teuer und schützte so die Betreiber vor unliebsamer Konkurrenz. In Emden existierten vor 1700 vier dieser Kaffeehäuser, deren Betreiber sich Sorgen um eine Vermehrung solcher Einrichtungen in der Hafenstadt machten. Karten- und Würfelspiele waren in den Kaffeehäusern verboten, Billardtische aber zugelassen; sie erfreuten sich großer Beliebtheit bei den Gästen. In Emde vollzog sich früher als in anderen Städten ein interessanter Wandel: Die Wirte in den Schenken begannen auch Kaffee und Tee anzubieten, sodass die Kaffeehausbetreiber das Recht einforderten, in ihren Einrichtungen auch Bier und Wein verkaufen zu dürfen. Mit der Aufnahme alkoholischer Getränke in das Angebot wurde die Beliebtheit der Kaffeehäuser hauptsächlich im Bürgertum gesteigert, weil seine Mitglieder sich vom gemeinen Volk in den Wirtshäusern distanzieren und alkoholische Getränke in den Kaffeehäusern zu sich nehmen konnten. Es entstanden die modernen Cafés.

Mit der Industrialisierung stieg vor allem in England der Konsum von Tee in den unteren Schichten. Er wurde zum Volksgetränk, weil wegen der modernen Arbeits- und Lebensweise weniger Zeit für die Zubereitung der Mahlzeiten zur Verfügung stand. Ein mit Zucker gesüßter Tee, der zusammen mit Brot zusätzliche Kalorien lieferte, ersetzte schon fast eine warme Mahlzeit. Tee wurde als sinnvolles Heißgetränk betrachtet, half es doch den arbeitenden Frauen dabei, Zeit zu sparen und die Energiekosten für die Essenszubereitung zu vermindern. In dieser Zeit war die preiswerte Verfügbarkeit von Zucker gewährleistet, weil intensivere Anbaumethoden und die Arbeit von Sklaven in den Kolonien dazu führten, dass der Süßstoff zum Massenartikel wurde.

So wurden Tee und Kaffee auch für die Unterschichten interessant und für die Volksernährung bedeutend. Durch den Zusatz von Zucker verwandelten sich die kalorienarmen Getränke Tee und Kaffee in Energielieferanten, die mit dem gleichzeitigen Verzehr von Brot zunehmend an die Stelle des zu teuren warmen Breis traten.

Im historischen Gebäude des alten Rathauses von Norden befindet sich das Ostfriesische Teemuseum.

Anders formuliert: Für die unteren Schichten waren Tee und Kaffee flüssige Beigaben für den starken Konsum des Zuckers.

Nach 1750 breitete sich der Genuss von Kaffee und Tee auch bei den Bauern, Arbeitern und Bediensteten in Stadt und Land aus. Zunächst waren es die Angehörigen der oberen Unterschicht, wie etwa die Bediensteten in den Bürgerhäusern, die die neuen Modegetränke Tee und Kaffee als Genussmittel für sich entdeckten. Der Einfluss der holländischen Kaufleute in Emden war dafür maßgebend. Ein weiterer wichtiger Einflussfaktor für die Verbreitung war die Errichtung von Handelskompanien. Die Emder Asiatische Handelskompanie sollte für das gesamte Gebiet Preußens asiatische Produkte direkt aus China heranschaffen, vier bewaffnete Handelsschiffe wurden dafür ausgerüstet. In Emden verkaufte man nach jeder Asienfahrt etwa 250 Tonnen Tee.

Bei diesem Handel wurden riesige Mengen an Porzellanartikeln mitgeliefert, die sich wohlhabende Ostfriesen sogar auf Bestellung in China anfertigen ließen. Zusammen unternahmen die vier Schiffe der Kompanie lediglich sechs Fahrten nach Asien: Nach sechsjährigem Wirken kam es während des Siebenjährigen Krieges (1756–1763) zum Ende der Emder Handelskompanie. Mehrere Versuche auf ostfriesischer und preußischer Seite, den Fernosthandel wiederzubeleben, scheiterten. Nach 1780 unternahmen noch einmal vier privat ausgerüstete Emder Schiffe einzelne Fahrten nach Asien und brachten Tee, Kaffee, Gewürze und Porzellan mit.

Geestbauern beim Tee um 1925.

Weil alle seine Bemühungen, Handel mit Asien zu treiben, keinen dauerhaften Erfolg hatten, begann der preußische König, in seinen Provinzen Maßnahmen gegen den Konsum von Tee und Kaffee zu ergreifen. Das einfache Volk sollte keine Genussmittel mehr trinken, Strafen wurden angedroht. Die Gründe für diese Maßnahmen lagen auch in dem Niedergang der heimischen Gewerbe, insbesondere des Brauereiwesens. Und der Staat störte sich daran, dass hohe Geldsummen für auswärtige Getränke ausgegeben werden mussten. Das Kaffee- und Teeverbot des Preußenkönigs wurde in den jeweiligen Provinzen nicht gleichmäßig durchgesetzt, Ostfriesland blieb zunächst für zehn Jahre davon unberührt. Der Staat informierte sich über die Höhe des Verbrauchs der asiatischen Genussmittel und forderte die Behörden in Aurich auf, für die Verwendung von gebranntem Roggen als Kaffeeersatz zu werben. Diese teilten mit, dass der Kaffeekonsum gering sei, dagegen im Volk recht viel Tee von schlechter Qualität getrunken werde. Auch Kräutertees stellten eine Art Ersatz für den chinesischen Tee dar. Der preußische Staat war bestrebt, Ersatzstoffe für den Tee zu finden und pries Salbei, Waldmeister und Ehrenpreis an. Gleichzeitig wollte er den Bierkonsum in Ostfriesland wieder beleben, worauf die ostfriesischen Landstände entgegneten, dass das Bier zu teuer für den Mann des Volkes und daher unattraktiv sei. In Ostfriesland zweifelten die Behörden daran, dass der Bierkonsum durch das strenge Verbot des Tee- und Kaffeetrinkens gesteigert werden könne. Die Ostfriesen vertraten den Standpunkt, dass das Trinken der asiatischen Genussmittel zu einer modernen Lebensführung gehöre. Die Behörden vor Ort hoben gegenüber den Preußen den Nutzen des Konsums hinsichtlich der anregenden Wirkung und Verwendung auf medizinischem Bereich hervor und wiesen darauf hin, dass die Verwendung der Getränke auch im Volk bereits derart eingeführt sei, dass man die Lebensart mit Kaffee und Tee nicht mehr problemlos umkehren könne. Da die Behörden sich auf keine genaue Vorgehensweise einigen konnten, vertagte man die Auseinandersetzung über das Thema. Nach 1780 schlief der Konflikt langsam und von selber ein.

Bis 1750 hatte sich in Ostfriesland, wie im gesamten Nordwesten, der Kaffee- und Teekonsum bereits durchgesetzt. Der Kaffee wurde nach 1750 zwar vielfach mit Ersatzstoffen gestreckt, aber der Konsum von Surrogaten war insgesamt nicht sehr hoch. Weil die politischen Verhältnisse es nicht zuließen, gab es nur wenige Direktimporte aus den Erzeugerländern nach Ostfriesland. Gewöhnlich bekam man die Genussstoffe aus Amsterdam, London oder den norddeutschen Handelsstädten. Wahrscheinlich führte insbesondere das Wirken der Emder Handelskompanie zu einer Erhöhung des Konsums und zur besonderen Beliebtheit des Tees in der Region.

Ostfriesland wurde 1807 Teil des holländischen Königreichs unter Louis, dem Bruder des französischen Kaisers Napoleon. Dieser befand sich im Krieg mit England und verhängte die Kontinentalsperre, die den Handel und den Kontakt zwischen England und dem Kontinent vollständig unterbinden sollte. Ziel war es, England politisch und wirtschaftlich zu schaden und eine günstige Ausgangslage für einen Friedensschluss zu erreichen. Das Verbot hatte umfangreiche Schmuggleraktivitäten zur Folge. Die Ostfriesen waren stark daran beteiligt und fuhren die Insel Helgoland an, um von dort die begehrten englischen Waren zu holen. Als Ostfriesland 1810 französische Provinz wurde und Schmuggler nun mit dem Tode bestraft wurden, legte sich das ungesetzliche Tun.

Nach Napoleons Niederlage und dem Wiener Kongress im Jahr 1815 kam Ostfriesland zum Königreich Hannover. Der hannoversche König war in Personalunion gleichzeitig König von England. Die englische Lebensart wurde bald bei modebewussten Ostfriesen immer beliebter. Dazu gehörte auch die von England inspirierte Mode der „Teegesellschaften“. Bei diesen Veranstaltungen trafen sich gebildete Bürger, Künstler, Dichter und Denker zum Plausch bei Tee und guten Gesprächen. Es waren gemischte Gesellschaften. Über frühere Standesgrenzen hinweg kommunizierte man und pflegte Freundschaften, die vom aufgeklärten Geist geprägt sein sollten. In Ostfriesland kam diese Lebensart zunächst bei den gehobenen Schichten der Bürger und Beamten in Mode. Gleichzeitig verlor der Kaffee an Beliebtheit. Dieses Getränk wurde mittlerweile als Volksgetränk angesehen, sodass der Tee nach 1800 ein höheres gesellschaftliches Ansehen erhielt. Die Bauern vollzogen diese Entwicklung weitgehend mit. Es waren zunächst die begüterten Landwirte der Marsch, die bei Besuchen Tee servierten, um sich den Sitten der wohlhabenden Städter anzupassen. Schnell bekam Tee zudem einen festen Platz bei den täglichen Mahlzeiten und auch beim Gesinde setzte sich der Konsum des Getränks durch.

Teezeremonie im Wohnzimmer eines Marschbauern.

In den Geestdörfern spielte der Tee bereits vor 1800 eine Rolle als Genussmittel, obwohl die Bewohner in vielen Bereichen noch alte Gewohnheiten pflegten und in ihrer ganzen Lebensart grundsätzlich konservativer als die Menschen der Marsch waren. Da die Existenz der Kolonisten im Moor noch einfacher und ärmlicher war als auf der Geest, verwundert es, dass der Tee im Rahmen der bescheidenen Ernährung bereits einen festen Platz hatte. Hier verbesserte der Tee den Geschmack des Wassers. Denn weil das Wasser der Moorgegenden stark eisenhaltig und wenig genießbar ist, ist es schon aus gesundheitlichen Erwägungen richtig, das Wasser zunächst abzukochen, um dann das Getränk mit Tee geschmacklich zu verbessern.

In den ersten Jahrzehnten des 19. Jahrhunderts tranken die meisten Ostfriesen den Tee eher als dünnen Aufguss. Nach 1850 neigten viele Menschen der Region dazu, durch einen erhöhten Tee- und auch Kaffeekonsum zu zeigen, dass sie begütert waren. In diesen Kreisen wurde das Getränk als stärkerer Aufguss konsumiert. Damit konnte man sich von den Menschen abgrenzen, die den Tee dünn tranken. Die Landarbeiter und Moorbauern etwa mussten sich mit den billigen Teesorten behelfen, den sie als dünnen Aufguss zubereiteten. So wurde Tee in den ländlichen Arbeiterfamilien im Laufe der Zeit das Alltagsgetränk, während Kaffee eher sonntags und bei Festlichkeiten getrunken wurde. Bei Besuchen waren die Menschen aus den ärmeren Schichten bemüht, den Gästen einen etwas stärkeren Tee anzubieten.

Allgemein trank man in Ostfriesland grünen Tee: Zur Zeit der Reichsgründung setzte sich der Genuss des schwarzen Tees durch, den die Ostfriesen aus englischen und holländischen Kolonien bezogen. Das Trinken des schwarzen Tees wurde mit der Zeit die „ostfriesische Art", Tee zu genießen, wobei soziale Schranken immer weniger eine Rolle spielten. Früher für Gäste und an Festtagen angeboten, wurde der ausgeprägte Teekonsum Bestandteil ostfriesischer Lebensart.

Die Heimatbewegung nach 1900 förderte diese Entwicklung und erhob das Teetrinken in Ostfriesland zum volkstümlichen Brauch. In Verbindung mit der „ostfriesischen Teekultur", die sich dadurch auszeichnen sollte, dass man in der Region ein ganz bestimmtes Teegeschirr („Dresmer Teegood" mit der roten Rose) verwendete, den Tee mit „Kluntjes" (Kandiszucker) süßte und in den Tee etwas Rahm hineintat, wurde das anregende Getränk zu einer ostfriesischen Besonderheit stilisiert. Heute wird oft gesagt und geschrieben, Tee sei das ostfriesische „Nationalgetränk". Man mag das Getränk nennen, wie man will: Das Teetrinken erfreut bis heute und sicherlich auch in Zukunft die Herzen der Einheimischen und der auswärtigen Gäste.

BEHAUSUNGEN IM MOOR

Seit alters her ist das Torfgraben für die Ostfriesen von Bedeutung gewesen, denn das Moor stellte die Versorgung mit Brennmaterial sicher. Die Verteilung der Moore über die Mitte der ostfriesischen Halbinsel machte es möglich, dass viele Gemeinden ihren Bedarf aus den benachbarten Mooren gewinnen konnten. Die umliegenden Dorfschaften ließen auf den weiten Flächen außerdem ihr Vieh weiden. Mit dem organisierten Torfabbau wurde im 17. Jahrhundert mittels der Fehnkultur begonnen. Dabei legten die Siedler („Fehntjer") zuerst einen Kanal an, um das Land zu entwässern. Dieser Kanal konnte danach als Schifffahrtsweg zum Transport des gestochenen Torfs und anderer Güter genutzt werden. Die Fehnkultur war das Ergebnis privatwirtschaftlicher Initiativen. In den ersten Jahrzehnten nach 1600 wurde der Torf als billiges Heizmaterial für die Städte zum Handelsobjekt, die landwirtschaftliche Nutzung der abgetorften Flächen stand zunächst nicht im Vordergrund.

1744 wurde Ostfriesland eine Provinz Preußens und in der zweiten Hälfte des 18. Jahrhunderts interessierte sich der Staat immer mehr für die Landwirtschaft: Die Nichtnutzung der Moore und Heiden, die etwa ein Drittel der Fläche ausmachten, hatte einen dauernden Ausfall an Staats- und Landeseinkünften zur Folge. Der preußische Staat trachtete danach, durch Eröffnung neuer Erwerbszweige seine Einnahmesituation zu verbessern, und sah eine Möglichkeit dazu in der Erweiterung landwirtschaftlicher Flächen in den Moorgebieten Ostfrieslands. Im Frühjahr 1747 wurden von den Behörden bereits Bestimmungen für den Anbau von Buchweizen auf den Flächen verordnet. Buchweizen stellt kaum Ansprüche und gedeiht auch in Moor- und Heidegegenden. Es wurden Gebühren erhoben, wenn Interessenten eine Genehmigung zum Anbau dieser Frucht erhalten wollten. Die staatlichen Stellen betrachteten die wüsten, unbebauten Heide- und Moorflächen bald als Staatseigentum und erließen am 22. Juli 1765 das sogenannte Urbarmachungsedikt. Es sah vor, dass im großen Rahmen Moorsiedler für eine umfangreiche Kolonisierung der Moore gewonnen werden sollten.

Den anliegenden Gemeinden verblieb das bisher übliche Nutzungsrecht zum Weiden des Viehs auf den Landflächen so lange, bis die Behörden Kolonisten gefunden hatten, gegen deren Ansiedlung den Kommunen kein Widerspruchsrecht zustand. Auf Antrag wurde den Gemeinden aber ein Heidedistrikt unentgeltlich überlassen. Laut Edikt sollte den Kommunen ebenso ein Stück Heidefeld angewiesen werden, falls die grünen Anger für das Weidebedürfnis der Dörfer ungenügend waren. Dieses Land hatten sie binnen zehn Jahren unter den Pflug zu nehmen und zu Acker- und Weideland zu kultivieren, um von der Viehweide auf den Heideflächen unabhängig zu werden. Kolonisten durften

Kolonisten vor einer Plaggen- und Sodenhütte.

auf diesem Land nicht sesshaft werden. Das Edikt bestimmte weiterhin, dass Eigentümer von genau begrenzten, unabgegrabenen Moorflächen ihr Terrain behalten durften. Jeder größeren Bauernstelle sollte darüber hinaus eine Fläche von vier Moordiemat (1 Moordiemat = ca. 1 Hektar; 1 Diemat = ca. 0,56 Hektar) als Eigentum zugemessen werden. Das Edikt zeigte Wirkung: Die Hoffnung auf eine Landstelle und ein Haus auf eigenem Grund und Boden lockte Siedlerfamilien, die in anderen ostfriesischen Dörfern und auswärtigen Gegenden der dortigen Überbevölkerung zu entfliehen suchten, in die Moorkolonien.

Die Lebensperspektiven der Unterschichten in der absolutistischen Gesellschaft waren stark eingeschränkt. Man muss sich vor Augen führen, dass die nicht sesshafte Armut im 18. Jahrhundert in Preußen einen Anteil von etwa vier Prozent an der Gesamtbevölkerung erreichte. Wer am Heimatort keine Arbeit und kein Auskommen mehr fand, sah unter Umständen in der Annahme einer Moorstelle eine Chance auf Lohn und Brot sowie auf eine gewisse Lebenssicherheit.

Am 12. Januar 1770 wurde für das Urbarmachungsverfahren eine Verordnung erlassen, die unter anderem Bestimmungen beinhaltete, die den Kolonisten den Bau von bescheidenen Häusern erleichtern sollten. Den Siedlern wurden etwa Bauhilfsgelder in Aussicht gestellt. So heißt es dort:

„Wollen Seine Königliche Majestät alle dergleichen Colonisten nicht nur in Allerhöchst-Dero besonderem Schutz nehmen, sondern auch zu desto mehrerer Beförderung des heilsamen Zwecks, dieselben mit einem baaren Zuschuß beschenken, und zwar jeden Ausländer 40 Rthlr. [Reichstaler; d. Vf.] und jeden Einländer 25 Rthlr. Bauhülfsgelder als eine Prämie aus … zahlen lassen, so bald der Hausbau volführet seyn wird."

Wie aus diesem Text zu ersehen ist, wurden den Kolonisten Bauhilfen ohne jegliche Bedingungen zugesagt. Diese Gelder stellten für die in der Regel bedürftigen Sied-

Kolonistenhütte mit den „gewalterten" Wänden aus Lehm.

lungswilligen eine große Hilfe dar und ermöglichten den Bau eines bescheidenen Hauses. Die Kolonisten, die sich auf gekauftem oder eigenem Boden ansiedelten, waren von der Prämie ausgeschlossen. Für viele Familien waren allein diese Gelder Anlass genug, sich in der Moor- und Heidewildnis Ostfrieslands niederzulassen, boten sie doch eine finanzielle Basis zum Kauf von Holz und anderen Baumaterialien. Bald wurde die Auszahlung der Prämie jedoch an die Bedingung geknüpft, dass die fertiggestellten Häuser den vierfachen Wert der Prämie haben mussten.

Damit hatten die Kolonisten praktisch keine Möglichkeit mehr, in den Besitz der Gelder zu gelangen, weil die von ihnen erbauten Behausungen den vorgeschriebenen Wert in den meisten Fällen nicht annähernd erreichten. Ohne die Bauprämien konnten die Siedler in der Regel auch keine Kredite bei den Holzhändlern und Zimmerleuten bekommen. Dieses für die Siedler so nachteilige Verfahren in der Praxis der Prämienzuteilung führte immer wieder zu Gesuchen und Beschwerden der Moorbauern. Es war offensichtlich, dass die Kammer mit dem Versprechen auf Bauprämien Siedler in die abgelegenen Moorgegenden locken wollte und die Gelder dann doch nicht zahlte, weil den Kolonisten die Mittel zum Hausbau nach vorgeschriebenem Wert fehlten. Die Siedler wollten mit der Bauprämie in erster Linie Holz, Stroh für das Dach und Baunägel kaufen. Das „Stapelwerk" (Gerüst eines ostfriesischen Hofes) der kleinen Häuser sollte aus Eichenholz bestehen und alles andere aus gutem „Scheunenholz". Die Siedler wollten ihre Behausungen nicht mit dürren Zweigen und qualitativ minderwertigem Holz errichten, waren sie dann doch weniger witterungsbeständig.

Die Behausungen, die sich die meisten der ersten Siedler in der Anfangszeit, also um 1790, auf ihren Stellen errichteten, waren mit den einfachsten Mitteln gebaut. Den Siedlern waren aufgrund der fehlenden finanziellen Mittel enge Grenzen gesetzt. Sie griffen daher notgedrungen auf die in der Landschaft vorhandenen Naturmaterialien

Ein kleines Kolonistenhaus. Der Wohnteil ist mit Ziegelsteinen ummauert worden.

zurück und entwickelten einen Baustil, der den auf dem Hochmoor bestehenden Voraussetzungen gerecht wurde. Die Wände wurden überwiegend aus Plaggen und Soden geschichtet. Als Plaggen bezeichnet man rechteckige Stücke aus der obersten Schicht des Heidefeldes, Soden sind sorgfältig gestochene Torfstücke. Versehen waren diese Hütten oft mit einem Schutzdach aus Heide, Bentgras und Torfsoden. In den Hütten war es kalt, feucht und dunkel. Der Raum konnte mithilfe der offenen Feuerstelle nicht richtig warm gehalten werden. Das Feuer füllte ihn aber mit Rauch, der schlecht abzog und den Bewohnern in den Augen brannte. Die Behausungen boten auch nur eine primitive Lagerstatt.

In den Anfängen der Kolonien war noch ein weiterer Hüttentypus anzutreffen: die sogenannte Erdhöhle. Johann C. Freese erwähnt diese Behausungen in seiner Schrift aus dem Jahr 1789: „Fast die mehresten [Kolonisten; d. Vf.] können nicht zu den Bauhülfsgeldern gelangen, weil sie nicht im Stande sind, die Häuser zu dem vorgeschriebenen Werth zu erbauen, sondern müssen sich in Hütten, die teils in teils eben über der Erde von Torf oder Rasen gebauet sind, behelfen."

Der Volkskundler Wiard Lüpkes berichtete später von der Anlage solcher Hütten. Seine Darstellung vermittelt ein etwas genaueres Bild von einer Erdhöhle: „Früher machte man zu einer Hütte nur ein 5 Meter langes, 4 Meter breites Loch mit senkrechten Seiten 1 Meter tief in das freie Hochmoor, setzte vier Pfähle an die Ecken, verband sie 1 – 1 ½ Meter hoch über der Erde mit jungen Baumstämmen, die man vielleicht aus dem nahen Walde zur Nachtzeit geholt hatte ... Ein Schilfdach kam obenauf, die Seitenwände wurden mit Torfsoden oder Lehm zwischen Stakenwerk (Waltermüren) ausgefüllt – und die Behausung war fertig. Der Rauch suchte sich einen beliebigen Ausweg."

Noch um 1848 gab es derartige Hütten in den Moorgegenden. Hinrich Janßen Sundermann, ein bekannter Heseler Lehrer, der sich in den Revolutionsjahren um 1848 sehr für die Moorkolonisten einsetzte, berichtete wie folgt über die traurigen Wohnverhältnisse in den meisten Kolonien: „Reiset man durch die Moorgegenden, so erblickt man hier ein Haus, da eine Hütte, dort eine Höhle, deren Bewohner zuweilen von Gott und aller Welt, von Sonntag und Alltag nichts wissen." Viele Siedler trachteten danach, diese Unterkünfte möglichst bald zu verlassen, um zumindest ein Lehmhaus zu bewohnen. Die ersten auf dem Hochmoor errichteten Häuser waren nicht viel mehr als Hütten. Die Bezeichnungen Lehmhaus und Lehmhütte werden daher oft synonym verwendet.

Für viele Kolonistengenerationen war die strohgedeckte Lehmhütte die einzig erschwingliche Behausung. Das Besondere an den Lehmhütten waren die gewalterten Mauern. Dazu benötigte man gut durchgeweichten Lehm sowie einige Ballen Stroh. Die Ansiedler zogen sich aus dem Stroh einen etwa 100 Zentimeter langen, nicht zu dicken Strang heraus und legten ihn in den Lehmbrei. Mit beiden Händen musste der Lehm in das Strohbündel eingearbeitet werden. Schließlich wurde der Strang an einem Ende aufgenommen und unter ständigem Drehen vorsichtig aus dem Lehmbrei herausgezogen. Auf diese Weise entstand ein wurstähnliches Gebilde, das dann in das Stangengerüst der Hütte eingewunden wurde. Das Gerüst einer Wand bestand aus zwei Ständern und dem daraufliegenden Balken. Zwischen den Ständern befand sich das dünne Stangenholz und zwischen diese Stangen wurden die Stroh-Lehm-Würste eingewunden (gewaltert). Durch das Aufeinanderschichten vieler solcher Lagen entstand nach und nach eine fertige Wand. Für die nötige Härte und Stabilität sorgten später Sonne und Wind.

Die Lehmhäuser waren nicht groß. Sie hatten oft nur einen Raum, selten eine zweite Kammer. In der Wohnküche, wo sich das Leben der Familie abspielte, brannte ein offenes Feuer. Es diente zum Kochen, zum Heizen und manchmal auch als Beleuchtung. In der Wand waren üblicherweise zwei Butzen (Alkoven, Wandbetten) eingelassen. In der einen schliefen die Eltern oft gemeinsam mit dem jüngsten Kind, die anderen Geschwister teilten sich die zweite Butze. Die Enge hatte den Vorteil, dass die Menschen sich gegenseitig wärmen konnten.

Lüpkes beschrieb die Zustände in einer Lehmhütte um 1900; 100 Jahre zuvor aber waren die Verhältnisse recht ähnlich gewesen: „Nur etliche wenige Lehmhütten, wie wir deren eine vor uns sehen, erinnern noch an den Urzustand. Treten wir einmal in eine solche ein. Die Haustür ist zugleich Stubentür; ein Tritt führt hinab in das einzige, für alle Bewohner der Hütte – vielleicht auch noch für etliche Tiere – bestimmte Zimmer. Ueber schwelendem Torffeuer auf ebener Erde hängt an einer eisernen Kette ein Wasserkessel. An der einen Seite des Gemachs sind in Bettschränken (Butzen) die Lagerstätten für die zahlreichen Familienmitglieder; im Notfall müssen fünf Kinder unter dieselbe Decke, einige ans Fußende. Küchen- und Hausgeräte stehen auf Börten an den Wänden."

Als Kolonistenhäuser bezeichnete man später einen anderen Gebäudetypus. Guterhaltene Lehmhütten wurden mit Backsteinen ummauert, die die Bewohner der Moorsiedlungen aus abgebrochenen Häusern gewannen. Das Dach wurde oft mit Ried gedeckt und später sogar mit handgeformten Tonpfannen. Diese Art des Hauses war allerdings mit der einer Lehmhütte identisch. Besonders nach 1900 bildete sich neben Lehmhütten und Kolonistenhäusern noch der Typus des Landarbeiterhauses aus, dessen wesentliche Baumaterialien Backsteine, Rundhölzer, handgeformte Tonpfannen und Ried waren. Auch diese Häuser bestanden nur aus dem Wohntrakt, in dem sich die recht große Wohnküche mit den Butzen und dem offenen Herdfeuer befand, und dem Scheunentrakt, in dem die Tiere, der Brenntorf, Viehfutter und Arbeitsgeräte untergebracht waren. Im Scheunentrakt war auch das „Karnhus", in dem die Butter hergestellt wurde. Wahrscheinlich waren bereits im 18. Jahrhundert einige wenige Häuser in den Kolonien hinsichtlich ihrer Bauweise und ihres Aussehens den späteren Landarbeiterhäusern ähnlich.

Im 18. Jahrhundert gab es alle beschriebenen Typen von Moorbehausungen zeitgleich. Die in der Literatur nicht selten vertretene Annahme, dass die Plaggen- und Sodenhütten früh aus den Kolonien verschwanden, durch Lehmhäuser ersetzt wurden und nur in der Anfangs- oder Übergangszeit den Siedlern eine Bleibe boten, ist nicht zu halten. Vielmehr gab es nicht wenige Mitglieder der ersten Siedlergeneration, die ihr ganzes Leben in den sehr primitiven Behausungen zubringen mussten.

Der etwas genauere Blick auf die Moordörfer zeigt aber auch, dass einige Siedlerhäuser im 18. Jahrhundert bereits eine Küche und eine Kammer hatten. Bei den Küchen handelte es sich um Wohnküchen mit Butzen, in denen sich die ganze Familie aufhielt. Die als Kammern bezeichneten Räume waren vielfach Zimmer mit Bettstellen, die von der Familie als Schlafraum genutzt oder gegebenenfalls für eine bestimmte Zeit vermietet werden konnten. Die Dächer der qualitativ besseren Behausungen waren zu diesem Zeitpunkt in der Regel mit Stroh gedeckt.

Die ersten Kolonisten waren kaum mit Mobiliar ausgestattet. In alten Unterlagen findet sich darüber manchmal die Bemerkung, dass einige Siedler aufgrund ihrer Armut „im Mobiliar kaum pfändbar" waren. Andererseits können wir aus vorhandenen Inventarlisten einzelner Siedler ersehen, wie die Hütten und Lehmhäuser von Einwohnern, die durch kirchliche Armenmittel unterstützt werden mussten, mit Möbeln und Gerätschaften ausgestattet waren. Ein Kolonist aus dem Auricher Raum beispielsweise hinterließ unter anderem ein Oberbett, mehrere Stühle, einige Gardinen, eine große und eine kleine eiserne Kiste, eine Herdkette, eine Zange, eine Spindel, einen kleinen Schrank, wenige Kochutensilien und fünf Löffel, zwei Eimer sowie mehrere Gerätschaften für die Teezeremonie.

Eine andere Siedlerin besaß u. a. ein Oberbett, einige alte Gardinen, einen Lehnstuhl und drei andere Stühle, einen kleinen Tisch, eine Spindel, eine Haspel, einen eisernen Topf, eine Zange, eine Herdkette, vier zinnerne Löffel, einen kleinen Spiegel, einen Vogelkorb, ein Gesangbuch, eine Bibel und andere alte Bücher, einige Hecheln sowie verschiedene Teeutensilien.

Die Wohn- und Lebensverhältnisse der Kolonisten um 1800 deckten sich weitgehend mit den von Historikern allgemein für ganz Deutschland beschriebenen Existenzbedingungen der kleinbäuerlichen Proletarier auf dem Lande. Die ostfriesischen Kolonien stellten von daher keine Besonderheit dar.

STREIT UMS LAND

Die Besiedlung der ostfriesischen Moorgebiete im 18. Jahrhundert war von sehr vielen Streitigkeiten zwischen den Eingesessenen in den alten Dörfern und den Siedlern in den neuen Kolonien gekennzeichnet. Es ging dabei in der Regel um Besitzrechte an Moor- und Heideländereien, die von den Alteingesessenen als ihr Eigentum angesehen und von den sogenannten Neubauern als Erbpachtland beansprucht wurden.

Exemplarisch sollen hier die Ereignisse dargestellt werden, wie sie sich 1769 in der Moorsiedlung Neu-Ekels im Südbrookmerland zutrugen. Dieses Beispiel ist beliebig gewählt; in vielen anderen Moorkolonien gab es ähnliche Konflikte. Es zeigt, wie die Auseinandersetzungen generell verliefen, welche Motive eine Rolle spielten und auch, wie die Behörden vorgingen und entschieden.

Die Streitereien nahmen ihren Lauf, als sich im Januar 1769 die Kommunen Oster-Theene und Ekels bei der Kriegs- und Domänenkammer in Aurich über die geplante Ansiedlung von mehreren Kolonisten auf ihrer Gemeindeweide beschwerten. Sie konnten Schreiben von zahlreichen Zeugen vorlegen, aus denen hervorging, dass die Kommunen dieses Weidegebiet seit etwa 200 Jahren besaßen. Mehrere Kolonisten hatten jedoch in der jüngsten Vergangenheit Teile des Terrains für sich kultiviert. Die Beschwerdeführer gingen davon aus, dass dieses Vorgehen der Ansiedler nicht erlaubt war und sie sich eine Genehmigung dazu durch falsche Angaben „erschlichen" hatten. Sie sahen sich durch den Verlust der Gemeindeweide in einer Notlage, da sie einen Teil ihres Viehs abschaffen mussten. Zudem befürchteten sie, auf lange Sicht wegen der zu erwartenden Einkommensverluste ihre steuerlichen Abgaben nicht mehr in der bisherigen Höhe entrichten zu können.

Eine Visitation vor Ort durch Lokalbeamte brachte keine befriedigende Lösung. Im April 1769 traten Bevollmächtigte der Kommunen Oster-Theene und Ekels daher nochmals an die Kammer heran. Sie legten ihrer Beschwerde weitere Atteste von Einwohnern aus dem Kirchspiel Victorbur bei. Diese bezeugten, dass die Bauern aus Oster-Theene und Ekels das betreffende Moor seit jeher mit ihrem Vieh beweidet und bisher ohne Beschwerden von Personen des Umlandes bewirtschaftet hatten.

Interessant ist der Fall zweier Alteingesessener aus Victorbur, die sich über einige Einwohner aus Theene beklagten, weil diese dabei waren, sich auf den sogenannten Acker-Möhrten bei Neu-Ekels niederzulassen. Dieses Moorland war nach ihren Aussagen aber von alters her im Besitz ihrer Vorfahren gewesen. Die Männer wiesen darauf hin, dass sie steuerliche Abgaben für diese Flächen zahlten und mit ihren kleinen Bauernstellen auf dieses Land angewiesen waren. Vor allem zur Sommerzeit nutzten sie

Unkultivierte Moorflächen bei Eversmeer.

die Flächen für ihr Vieh, und überhaupt, so argumentierten sie, seien ihre Weideflächen generell von eher geringem Wert. Sie führten weiter aus, dass das Terrain im letzten stark verregneten Sommer die alleinige Fläche gewesen sei, auf der sie ihre Tiere hatten weiden lassen können, um es notdürftig durchzubringen. Nach der großen Sturmflut von 1717 sei dieses Moorland wegen seiner hohen Lage der einzige Ort gewesen, worauf sich etwa 100 Nutztiere der Bauern zurückziehen konnten, um nicht jämmerlich zu ertrinken. In ihrer Verzweiflung forderten die beiden Victorburer die Behörden auf, die Rechte der Alteingesessenen zu schützen und den neuen Siedlern weiter ostwärts auf dem dort liegenden Terrain Ländereien zur Verfügung zu stellen.

Eine Betrachtung der Hintergründe dieser Auseinandersetzung führt in das Jahr 1766 zurück. In dem Jahr siedelte sich der erste Kolonist ohne eine Genehmigung durch die Ekelser Einwohner auf dem betreffenden Terrain an und erhielt von den Behörden problemlos eine Stelle zum Hausbau und zur Anlage eines Gartens. Dadurch wurde die Viehweide zunächst nicht beeinträchtigt. Zwischen November 1767 und Mai 1768 bewarben sich drei weitere Siedler um kleine Landflächen in einer Größe von einem bis zu drei Diemat. Keiner der Ekelser Einwohner beschwerte sich darüber, obwohl die Vermessung des Landes öffentlich vorgenommen und das Terrain danach offiziell vergeben wurde. Kurz darauf wollte einer der ersten Siedler zusätzlich zwei Diemat Umland unweit seiner Hausstelle als Viehweide erhalten und ein weiterer Interessent sogar zehn Diemat Heidefeld zum Hausbau und zur Kultivierung.

Torfgraben ist Schwerstarbeit.

Nun wurden die Ekelser aktiv und beklagten sich über die Ansiedlung der Kolonisten. Eine behördliche Untersuchung ergab, dass das betreffende Terrain teils sehr mageres Heidefeld und von sehr geringem Nutzen war. Einzelne Flächen aber besaßen eine bessere Qualität. Davon lasse sich gutes Ackerland machen, befanden zumindest die Beamten, die das Terrain inspizierten. Dieses Gebiet war die oben erwähnte Gemeindeweide der Ekelser. Südlich davon begannen die Theener Moräste, die teilweise auch von dem Ekelser Vieh beweidet werden konnten. An der Ostseite beanspruchten die beiden Alteingesessenen aus Victorbur die Landaufstreckungen.

Die Ekelser, die sich erst 40 bis 50 Jahre zuvor dort angesiedelt und ihre gesamten Landflächen damals von den Theener Eingesessenen gekauft oder auch gepachtet hatten, besaßen außer diesen Flächen keine weiteren Heidefelder. Wenn ihnen nur die Flächen in Richtung der Theener Moräste geblieben wären, wäre ihr Terrain zu klein geworden. Diese Gebiete waren zudem bei anhaltenden Regenzeiten mit Vieh nur schwer zu beweiden und hatten auch einen moorigen Boden. Das wenige Grünland vor den Häusern der Ekelser reichte vermutlich nicht aus, um auch nur die Hälfte ihres Viehbestandes zu ernähren.

Die Ekelser konnten jedoch keinen anderen Eigentumsbeweis an dem Terrain vorlegen als ihre langjährige Nutzung des Gebietes und die von ihnen deswegen entrichteten Abgaben an den Staat. Die Lokalbeamten berichteten ihren Vorgesetzten, dass die Ekelser sich wahrscheinlich sogar zu einer höheren Pacht für diese Fläche bereit erklären würden, wenn sie ihnen als Nutzland verbliebe. Dieses Argument scheint für die Kammerräte in Aurich nicht unwichtig gewesen zu sein. Sie sahen die Chance, höhere Abgaben einzuziehen. Daher forderten sie den zuständigen Beamten vor Ort auf, die Einwohner von Ekels zu einer höheren Pacht zu überreden oder sie so zu beeinflussen, dass sie den Ansiedlungswilligen in der Gegend eine Hausstelle abtraten. Neue Erbpachtsinteressenten im dortigen Gebiet sollte der Beamte davon überzeugen, sich an einer anderen Stelle um Landflächen zu bewerben.

Bezüglich der Beschwerde der beiden Alteingesessenen aus Victorbur wurde festgestellt, dass diese unbegründet sei. Die Männer konnten aus Sicht der Auricher Behörde nicht zweifelsfrei beweisen, dass die Acker-Möhrte zu ihren Bauernstellen gehörte. Die Beamten gingen vielmehr davon aus, dass es sich um verwilderte Äcker handelte, die seit 100 und mehr Jahren nicht kultiviert worden waren. Siedlungsinteressenten, die sich um das Terrain bewarben, konnte es daher zukünftig von den Lokalbeamten als Erbpachtsland gegeben werden. Die Beamten bekamen sogar den Auftrag, siedlungswillige Menschen zur Kultivierung und zum Anbau auf den zwischen Victorbur und Theene gelegenen verwilderten Äckern zu animieren.

Der Konflikt in Neu-Ekels zeigt, dass die Behörden sich zu dieser Zeit in erster Linie für die Interessen von siedlungswilligen Personen aussprachen, die sich an die Aufgabe machen wollten, Land zu kultivieren. Auch die Urbarmachungskommission, die 1770 eingesetzt wurde, um die Streitigkeiten zwischen Alteingesessenen und Siedlern zu klären, behielt die generelle Haltung, sich für die Ansiedlung von Moorkolonisten auszusprechen, in der Regel bei. Diese Kommission und das Urbarmachungsedikt stellten so gesehen nur Instrumente dar, deren sich die preußische Kriegs- und Domänenkammer in Aurich zur rigorosen Ansetzung von Moorbauern in Ostfriesland bediente.

KAMPF GEGEN NAPOLEON

Das Königreich Holland nahm Ostfriesland 1806 in Besitz, Preußen erkannte ein Jahr später die Annexion an. Ostfriesland wurde mit dem Jeverland zum holländischen Departement Oost-Vriesland vereinigt, das Rheiderland allerdings dem Departement Groningen zugewiesen. Große Aufmerksamkeit widmete die holländische Verwaltung der Entwicklung der Landwirtschaft. Die Bemühungen um eine Wirtschaftsförderung konzentrierten sich auf diesen Zweig, der bis dahin die Basis des Wohlstandes in Ostfriesland gebildet hatte. Die Steuerkraft der Region sollte durch die Förderung erhalten bleiben. 1809 wurde in Ostfriesland das holländische Steuersystem eingeführt, das die Ostfriesen stärker belastete als zuvor das preußische Steuerwesen.

Das 1795 eingeführte Allgemeine Preußische Landrecht und das daneben in Kraft befindliche alte Ostfriesische Landrecht behielten bis 1809 ihre Gültigkeit; der Code Napoleon wurde nach 1809 für Ostfriesland maßgebend.

Am 9. Juli 1810 verleibte Napoleon das Königreich Holland mit Ostfriesland dem Kaiserreich Frankreich ein, mit dem Jahresanfang 1811 begann die französische Verwaltung in Ostfriesland. Die Franzosen trennten Verwaltung und Justiz in Ostfriesland konsequent. Unter den leitenden Personen, die Ausländer waren, dienten im Verwaltungs- und Gerichtsdienst deutsche Beamte. Die Franzosen zeigten sich reformfreudig, scheinbar um die Situation der Ostfriesen zu verbessern. Die Gewerbefreiheit wurde eingeführt und ein neues Steuersystem trat in Kraft, das die Region aber finanziell stark belastete.

Mit der Übernahme Ostfrieslands durch Frankreich mussten die Einwohner der Region auf ihre alten Rechtsgewohnheiten verzichten. Besonders schwerwiegend war, dass ihnen die Freiheit vom Militärdienst genommen wurde. Bereits im März/April 1811 fand die erste Einberufung von Rekruten aus Ostfriesland statt. Mehr als 1.000 wehrfähige junge Männer des Geburtsjahrganges 1788 wurden zur Musterung einberufen und einem speziellen Losverfahren für den Dienst in der Armee oder der Flotte unterworfen. Männer, die ein Los mit einer Zahl zwischen eins und 250 gezogen hatten, mussten sich einer besonderen Kommission stellen, die über ihre Einberufung und Einsatzmöglichkeiten entschied.

Ein zum Militärdienst bestimmter Mann konnte sich von seiner Pflicht loskaufen, indem er mittels eines Geldbetrages in Höhe von 1.500 bis 3.000 Franc sein Los gegen ein ungültiges eintauschte. Es kam vor, dass Verwandte ihre gesamten Ersparnisse aufbrachten, um den Angehörigen freizukaufen. Vor allem im Jahr 1812, als Napoleon den Zug nach Russland plante, befürchteten viele Familien, dass sie ihre jungen

Winterliche Fehnlandschaft mit dem Fehnkanal, einem Fehnschiff und Fehnhäusern.

Männer nicht wiedersehen würden. Ein Konskribierter konnte auch einen Stellvertreter schicken, der eventuell gegen eine hohe Summe Geldes bereit war, für den eigentlich „gezogenen" Soldaten einzuspringen. Die Pflicht zum Militärdienst schürte den Hass der jungen Männer in Ostfriesland auf die neuen Herrscher, sodass es nicht selten zu Protest- und Widerstandsaktionen vor allem auf lokaler Ebene kam.

Die Franzosen beabsichtigten im Jahr 1811, Soldaten aus der Küstenregion Ostfrieslands für ihre Flotte zu rekrutieren. Am 11. April 1811 kam es deswegen vor dem Palais der Präfektur in Aurich bei der Auslosung der Seekonskribierten zu einem Aufruhr, an dem vor allem junge Leute aus den Fehngebieten beteiligt waren. Den Widerstand führten zwei junge Männer an. Einer von ihnen war Focke Frerichs Janssen aus Großefehn, der andere Johann Friedrich Reck, der in der Kolonie Moordorf lebte. Johann, zu dieser Zeit 20 Jahre alt, war der jüngste Sohn eines früheren Musketiers und späteren Invaliden. Der Vater diente über Jahrzehnte in der Armee. Inwieweit das Soldatenschicksal des Vaters den Unwillen gegen das Militär bei dem jungen Mann geschürt hat, lässt sich nur vermuten.

Wegen des Auricher Aufruhrs wurde am 14. April 1811 sogar ein Detachement kaiserlicher Truppen in der Nähe von Timmel und Neuefehn von Fehntjern angegriffen. Die französischen Soldaten waren wahrscheinlich beauftragt worden, die zwei Anführer und weitere Beteiligte des Auricher Aufruhrs zu suchen und festzunehmen. Aussagen in

Zur Erinnerung an die Revolte gegen Napoleon wurde 1991 zwischen den Dörfern Timmel und Bagband/Neufehn ein Gedenkstein aufgestellt.

dem Urteil über die Aufrührer lassen darauf schließen, dass die beiden Männer und ihre Kameraden sich nach der Revolte bis in das Gebiet von Timmel durchgeschlagen hatten.

Am 24. April 1811 wurde vor einem französischen Militärgericht über insgesamt 14 junge Ostfriesen verhandelt, die sich der Aushebung zum Dienst in der französischen Flotte gewaltsam widersetzt hatten. In derartigen Fällen pflegten die Franzosen die Angeklagten nicht vor einen ordentlichen Richter zu stellen, sondern einem Kriegsgericht zu übergeben. Die angeklagten Männer kamen vor allem aus Großefehn, Boekzetelerfehn und Neuefehn. Über sieben weitere Fehntjer wurde in Abwesenheit geurteilt. Wahrscheinlich war es diesen Männern gelungen, sich in die unzugänglichen Moorgegenden abzusetzen.

Die Gefangenen wurden dem Gericht frei und ohne Fesseln und in Begleitung ihrer Verteidiger vorgeführt. Man machte sie mit den Anschuldigungen bekannt, verhörte sie und die Zeugen. Die Inhalte der vorhandenen Aktenstücke zu den Vorfällen wurden sodann vorgetragen. Nach den Berichten und den Plädoyers der Verteidiger wurde die Kommission um ein Urteil gebeten; vorher jedoch hatten die Angeklagten den Raum zu verlassen. Die Kommission befand den jungen Kolonisten Reck und den Fehntjer Janßen einstimmig für schuldig, an dem Aufruhr teilgenommen und die Einwohner Aurichs aufgefordert zu haben, sich gegen die kaiserliche Macht zu bewaffnen. Weil Reck und Janßen sich nach Überzeugung des Gerichts im Sinne des Artikels 87 der

Die Schifffahrt spielte um 1800 auf dem Fehn eine große Rolle. Mit den erfahrenen ostfriesischen Seeleuten wollte Napoleon seine Marine verstärken.

„Verbrechen gegen die innere Sicherheit des Staates" schuldig gemacht hatten, wurden sie zum Tod und zur Enteignung ihres Besitzes verurteilt.

Die Kommission verurteilte zwei weitere Hauptaufrührer zu einer 16-jährigen Kettenhaft und zur Konfiskation ihrer Güter. Sechs Aufrührer wurden der Polizei zur Beaufsichtigung unterstellt. Die anderen Männer sprach man frei: Das Militärgericht fand kein Gesetz, das auf ihre Verfehlungen angewandt werden konnte. Die nicht anwesenden Aufrührer von Timmel und Neuefehn, die sich bewaffnet gegen die abkommandierten Truppen gestellt hatten, wurden in Abwesenheit zum Tode verurteilt. Die Haupttäter Reck und Janßen richtete man am 28. Mai 1811 hin. Johann Friedrich Reck wurde noch am selben Tag in aller Stille auf dem Friedhof der Kirche in Victorbur begraben. Ob auch die anderen zum Tode verurteilten Aufrührer später aufgefunden und hingerichtet worden sind, war nicht in Erfahrung zu bringen. Man geht aber davon aus, dass das nicht passiert ist.

Die französischen Machthaber hatten mit den Gerichtsurteilen ein Exempel statuiert. Der Widerwille der männlichen Jugend Ostfrieslands gegen die Franzosen kam dennoch 1811 in weiteren Auseinandersetzungen zum Ausdruck, an denen sich vor allem junge Männer beteiligten, die als Wehrpflichtige unmittelbar betroffen waren. So kam es beispielsweise zwischen mehreren französischen Soldaten und dem Moordorfer Kolonistensohn Albert Janßen Meyer zu einer schweren Schlägerei, in deren Verlauf der 26-jährige Kolonist von den Soldaten erschlagen wurde. Ebenfalls aus Moordorf stammte Johann Lammers. Er befand sich in dieser Zeit, wie andere Männer auch, auf der Flucht, weil die Behörden ihn beschuldigten, einem Deserteur Unterschlupf gewährt zu haben. In einer Einwohnerliste Moordorfs von 1822 – also in der nachnapoleonischen Zeit – tauchte dieser Johann Lammers allerdings wieder auf.

Fahnenflucht kam zur Zeit Napoleons vielfach vor. Die Franzosen reagierten darauf mit scharfen Maßnahmen. Fehlende Konskribierte wurden mit Männern ersetzt, die bei der Einberufung höhere Nummern gezogen hatten. In Bekanntmachungen der Präfektur wurden die neu ernannten Konskribierten aufgefordert, den Aufenthaltsort der Deserteure ausfindig zu machen und sie zu denunzieren. Dadurch wurde ihnen die Möglichkeit eröffnet, dem eigenen Rekrutenschicksal zu entgehen. So versuchte man einen Keil zwischen die jungen Ostfriesen zu treiben. Schlimmstenfalls wurden sogar französische Soldaten und Gendarmen in die Dörfer beordert, in denen Deserteure beheimatet waren, und auf Kosten der Kommune untergebracht, um nach den Gesuchten zu forschen. Es wurde an die Selbsterhaltung von Eltern und Verwandten appelliert, ihre Angehörigen anzuzeigen, denn die Franzosen schreckten nicht davor zurück, den gesamten Besitz der betroffenen Eltern zu beschlagnahmen und zu verkaufen.

Insgesamt wurden in der Franzosenzeit wahrscheinlich weit über 2.000 Ostfriesen für den aktiven Landdienst, den Seedienst und die Reserve bestimmt. Über die Anzahl und die Namen der Ostfriesen, die am Russlandfeldzug Napoleons teilgenommen und dabei ihr Leben verloren haben, liegen nur unzureichende Quellen vor.

WINDMÜHLENBAU

Historische Windmühlen gehören zu Ostfriesland wie die Deiche, die Kanäle oder die Gulfhäuser der Bauern und stellen eine ganz spezielle Gattung der Kulturdenkmale dar. Dabei prägen sie die friesische Region im Verbund mit den alten Gulfhöfen und Dorfkirchen. Mühlen waren bei der Herstellung des wichtigen Grundnahrungsmittels Brot unerlässlich. Das Mahlen von Getreide ist der entscheidende Arbeitsschritt zwischen dem Ernten des Getreides von den Äckern und dem Backen des Brotes in den Bäckereien.

Als sich zwischen 5000 und 3000 v. Chr. die Lebensgrundlagen der Menschen in Nordeuropa änderten und sie sesshaft wurden, erlernten sie aus eigener Erfahrung und von zugewanderten Gruppen den Getreideanbau. Der Getreideanbau war mühsam. Er sicherte aber den Menschen den Lebensunterhalt, denn sie konnten nun Mehl gewinnen, um Mehlsuppe und Getreidebrei zu kochen und auch Brot zu backen. Das Zerreiben des Getreides geschah zunächst durch einfache Reibmühlen, später auch durch handbetriebene Drehmühlen. Um größere Mengen Getreide zermahlen zu können, setzte man Tiere ein, die Mahlsteine in Bewegung setzten. Diese Rossmühlen haben eine lange Tradition und wurden als Kornmühlen beim Dreschen und Häckseln eingesetzt. Wassermühlen lernten die Menschen in den ersten Jahrhunderten nach Christi Geburt zu benutzen.

Die ersten Windmühlen entstanden wahrscheinlich im Hochmittelalter. Es handelte sich dabei um Bockwindmühlen. Der Name leitet sich von dem Untergestell der Mühle ab, das als Bock bezeichnet wird. Der Bock ist ein Balkenkreuz, das von kurzen, massiven Pfeilern aus Ziegelsteinen fixiert wird. Aus diesem Untergestell ragt der Ständer oder Hausbaum senkrecht hervor. Das aus Holz bestehende Mühlengehäuse kann um den Ständer herum gedreht werden, damit der Wind auf die Mühlenflügel trifft und diese in Bewegung hält. Das Drehen des gesamten Mühlenhauses geschieht mithilfe eines Balkens (Steert), der im Boden des Mühlengehäuses verankert ist und nach hinten bis auf den Grund reicht. Er ist mehrere Meter lang und gebogen. Der Ständer verläuft senkrecht durch die Mitte des rechteckigen Mühlenhauses und ist oben in dem sogenannten Hammer oder Mehlbalken gelagert. Dort befindet sich auch das Mahlwerk mit dem darüber liegenden Kammrad, das die Drehung der Mühlenflügel möglich macht. Der Müller betritt das Müllergehäuse über eine Treppe und einen Eingang, die sich hinten auf der Seite des Steerts befinden. Eine Bockwindmühle dieser Art ist beispielsweise in Dornum erhalten; sie wurde 1626 errichtet.

Schriftlichen Zeugnissen zufolge hat es Bockwindmühlen im 15. Jahrhundert in Emden, Jemgum und in der Nähe von Esens gegeben. Als Ostfriesland 1464 eine

Grafschaft wurde, erhielten die Grafen das kaiserliche Recht, Mühlen zu besitzen. Sie durften sie selbst nutzen oder verpachten. Urkundlich festgehalten wurden bei einem Bau oder einer Verpachtung u. a. der Standort, der Mahlbezirk, die Bauart, die Größe der Mühle, die Länge der Flügel, Details zu den Mahlsteinen, die Nutzungsarten sowie die möglichen Einnahmen: Geldzahlungen oder Naturalabgaben.

Durch gesetzliche Bestimmungen von 1611 wurden weitere Rechte und Pflichten für das Mühlengewerbe bindend. So konnten sich die Untertanen die für sie mahlende Mühle frei auswählen, ohne auf den Mahlbezirk des Wohnortes beschränkt zu sein. Wenn eine Mühle erbaut war und mit Windkraft betrieben wurde, erhielt der Landesherr eine jährlich zu zahlende Nutzungsgebühr, auch als Windgeld bezeichnet.

Im letzten Jahrzehnt des 18. Jahrhunderts wurden mehrere Erhebungen durchgeführt, um zu prüfen, ob die Müller an ihren Einrichtungen bauliche Veränderungen vorgenommen hatten, um sich gegenüber Konkurrenten Wettbewerbsvorteile zu verschaffen. Alle Müller sollten sich an die in den Konzessionen festgelegten Bestimmungen halten. So war es streng verboten, die Größe des Mühlengebäudes und ihrer Flügel sowie der Mahlsteine zu verändern.

Im Jahr 1803 führten die Behörden eine Bestandsaufnahme der Mühlen durch. Man wollte weitere Anträge auf Mühlenbauten genehmigen, um mit den Abgaben der Besitzer die staatlichen Kassen zu füllen. Natürlich war dies nicht im Sinne der bereits etablierten Müller, die eine Zunahme der Konkurrenz und damit Einkommenseinbußen befürchteten. Der Krieg zwischen Preußen und Frankreich verhinderte allerdings eine Umsetzung der Pläne.

Nach dem Sieg Napoleons gegen Preußen wurde Ostfriesland Teil des unter der Herrschaft Frankreichs stehenden Königreiches Holland. Dadurch bekam auch das Mühlenrecht der Holländer in Ostfriesland Gültigkeit. Diese teilten ihre Einrichtungen in drei Hauptgruppen ein. Es existierten nach dieser Kategorisierung die Mahlmühlen, in denen das Getreide gemahlen wurde, die Peldemühlen, die Graupen und Grütze herstellten, sowie die Mühlen, die Futtergetreide und Gerste für Brauereien schroteten. Man nahm keine Unterschiede mehr vor zwischen den Müllerbetrieben, die für eine Geldzahlung ihrer Kunden arbeiteten, und Mühlen, in denen die Kunden dem Müller für das Mahlen ihres Getreides einen Teil ihres Korns überließen. Weiterhin wurde mit dem holländischen Mühlenrecht den Müllern verboten, einen Getreide- und Mehlhandel zu betreiben. Zudem durften die Mühlen nicht mehr an Sonn- und Feiertagen sowie nach Sonnenuntergang arbeiten.

Als Holland mit Ostfriesland 1810 unter französische Verwaltung fiel, fanden die französischen Rechtsgrundsätze auch im Mühlenwesen Anwendung. Mit der Einführung der Gewerbefreiheit wurde das Mühlenrecht, das seit den Anfängen des Ostfriesischen Landrechts vom Landesherrn abhängig war, eine privatrechtliche Angelegenheit. Die Müller waren jetzt in der Lage, eine Mühle nahezu nach eigenen Vorstellungen zu bauen, zu nutzen oder bestehende Mühlen baulich zu erweitern. Sie benötigten dazu lediglich ein Patent, das gegen eine Geldzahlung meistens problemlos zu erhalten war.

Die Bockwindmühle von Dornum.

Die staatliche Regulierung des Mühlenwesens fiel ganz weg. Die Müller brauchten auch keine besonderen Kenntnisse für ihr Gewerbe nachzuweisen. Darüber hinaus durften sie Müllerwagen und Müllerboote benutzen, um das Getreide von den Kunden abzuholen und es nach dem Mahlvorgang wieder beim Kunden abzuliefern. Sie hatten die Möglichkeit, ihre Mühlen mit zusätzlichen Mahlgängen und sogenannten Beutelkisten auszustatten, um nicht nur Mehl für Roggenbrote, sondern auch feineres Mehl für helles Brot und Kuchen herstellen zu können. Die Müller wurden so zu Konkurrenten der Feinmüller.

Einen guten Eindruck von dem Mühlenwesen in jener Zeit vermittelt die Geschichte des alten Geestdorfes Bagband und vor allem natürlich die heute noch existierende Mühle von 1812. Eine erste urkundliche Nennung des Dorfnamens findet sich im Jahr 1454. Es kann jedoch davon ausgegangen werden, dass das Dorf viel älter ist und wahrscheinlich im Frühmittelalter gegründet wurde. Niedrig liegende Ländereien von sumpfiger und mooriger Art begrenzten das Dorf an drei Seiten. Am Ende des 18. Jahrhunderts wurden angrenzende Moorgebiete an Kolonisten in Erbpacht vergeben, wodurch die Bevölkerungszahl im Gebiet des Dorfes Bagband stark anstieg. Bagband war in der Franzosenzeit ein Teil des Kantons von Timmel, bildete aber gleichzeitig eine eigenständige Bürgermeisterei, von den französischen Verwaltern als Mairie Bagband bezeichnet.

Beeinflusst von den liberalen Bestimmungen des Mühlenrechts unter Napoleon entschloss sich der Müller Frerich Bohlen, in Bagband eine einstöckige Kappenwindmühle zu errichten, die als Getreidemühle genutzt werden sollte. Etablierte Müller der Kommunen sahen in dem Neubau einer Mühle verständlicherweise vor allem eine ihre Existenz bedrohende Konkurrenz. Nicht selten solidarisierten sich die umliegenden Gewerbetreibenden und gingen vehement gegen die Baupläne eines neuen Müllers vor. Auch im Falle des Neubaus von Frerich Bohlen in Bagband gab es Proteste von umliegenden Müllern, die aber bei den Behörden keine Wirkung erzielten und den Neubau in Bagband nicht verhindern konnten.

Der Typus der Kappenwindmühle wird auch als Holländerwindmühle bezeichnet, weil seine Konstruktion von einem Holländer im 16. Jahrhundert entwickelt wurde. Die Kappenwindmühle zeichnet sich dadurch aus, dass lediglich die Flügel mit der Kappe/Haube der Mühle in den Wind gedreht werden müssen. Dank dieses wesentlichen technischen Fortschritts hat sie die Bockwindmühlen in Ostfriesland im Laufe der Zeit für die Müller entbehrlich gemacht, weil sie ihnen statische und räumliche Erleichterungen verschaffte.

In ihrer äußeren Form besteht Bohlens Mühle aus drei größeren Baugliedern. Unten befindet sich ein steinerner Unterbau aus Backsteinen; die Stärke der Wände beträgt etwa 80 Zentimeter. Dieser gemauerte Bereich verjüngt sich nach oben. Um den Unterbau zu verstärken, wurden die Ecken als Pfeiler errichtet. Man betritt die Mühle durch ein großes Tor mit zwei Flügeln. Hier können die vollen Getreidesäcke gelagert werden. Es steht dem Müller im Unterbau eine große Arbeits- und Lagerfläche zur Verfügung. Auf den steinernen Unterbau hat man ein Holzgerüst gesetzt, das als Achtkant bezeichnet wird, weil es acht Ständer hat und der Mühle das achteckige Aussehen gibt. Diese Ständer stehen unten auf einem Balkenkranz, der als unteres Tafelment bezeichnet wird. Der Balkenkranz liegt auf dem Mauerwerk des Unterbaus auf. Ein Ring aus Balken schließt oben das Achtkant ab; es wird oberes Tafelment genannt. Auf dem Balkenring liegt die Kappe der Mühle, auch als Haube bezeichnet. Sie wiegt mehr als 20 Tonnen und ist bei Frerich Bohlens Anlage auf Rollen gelagert. Die Kappe trägt das Flügelkreuz und die Windrose; diese steht im rechten Winkel zu den vier Flügeln. Ihre Aufgabe besteht darin, sich dann zu drehen, wenn der Wind nicht mehr direkt auf die Flügel bläst, sondern von der Seite kommt. Sie beginnt sich in diesem Fall zu drehen und stellt die Mühlenflügel mitsamt der Haube wieder in den Wind. Die Galerie, die der Galerieholländermühle ihren Namen gibt, befindet sich zwischen dem steinernen Unterbau und dem Achtkant des Gebäudes. Sie ist für den Müller eine Arbeitsplattform. Hier kann er u. a. die Mühlenflügel durch ein kräftiges Anschieben in Bewegung setzen, weil der Reibungswiderstand zu überwinden ist.

Mit einfachen handwerklichen Mitteln haben die Baumeister das Gebäude errichtet, eine technisch anspruchsvolle Konstruktion. Sie brachten jedes einzelne Teil und alle technischen Vorrichtungen mit Flaschenaufzügen oder nur mit ihrer Körperkraft an den richtigen Platz in der Mühle und bauten sie dort ein.

Die Mühle in Bagband um 1910.

Rauchen war und ist in Mühlen strengstens verboten, denn es stellt seit jeher ein besonderes Brandpotenzial dar. Bereits 1767 wurde eine Feuerversicherung für die Häuser auf dem platten Land eingerichtet. Dort konnten aber keine Mühlen versichert werden, weil die Brandgefahr in ihnen besonders hoch war. Schließlich setzten sich aber 1779 engagierte Männer zusammen und erstellten einen Entwurf zur Gründung einer Mühlenbrandsozietät. Nach einigen Anfangsschwierigkeiten konnte ein Jahr darauf diese Versicherung ihre Arbeit aufnehmen. Müller Bohlen versicherte dort seine Mühle im Jahr 1813 mit einem Betrag von 12.660 Reichstalern. Aussagekräftig ist eine Bekanntmachung der Versicherungsdirektion aus dem Jahr 1795, in dem Beschlüsse zum Tabakrauchen in Windmühlen aufgeführt sind. Dort ist zu lesen:

„Die Direction der Mühlen-Brand-Societaet in Ostfriesland macht hierdurch sämtlichen Mühlen-Gaesten und denjenigen, welche den Betrieb der Mühlen führen, bekannt, dass bei der am 18ten Juli 1795 gehaltenen Versammlung folgendes, wegen des Tabakrauchens in den Mühlen beschlossen worden:

Daß, wenn 1) der Eigentümer, Heuermann, oder wer die Mühle verwaltet, entweder selbst in den Mühlen Tabak rauchen oder gestatten, dass Tabak in der Mühle gerauchet werde, Fünf Reichsthaler, die Knechte aber 2) die dieses selbst tun würden, oder es von Fremden gestatten, Ein Reichsthaler Strafe zur Societaets-Casse erlegen sollen.

Die sämtliche Mühlen-Gäste werden daher von Directions wegen dienstfreundlich ersuchet, sich alles Tabakrauchens in den Mühlen zu enthalten, und dadurch Gebräu-

In der Bagbander Windmühle befindet sich heute ein Mühlenmuseum.

chern der Mühlen und derselben Knechte in keine Unannehmlichkeiten mit der Gesellschaft und Direction zu verwickeln.

Urkundlich soll diese Verfügung in allen grossen Mühlen oben und unten, in den Ständer-Mühlen aber einmal beständig affigiret [ausgehängt; d. Vf.] bleiben."

Nicht allein vom Wind abhängig war die Stellung der Flügel. Der Müller konnte mithilfe der Flügel seiner Anlage den Mitmenschen in der Umgegend verschiedene Mitteilungen machen. Es sind insgesamt vier bis neun Flügelstellungen möglich, in Ostfriesland unterschied man hauptsächlich vier Formen: Das Symbol für die Betriebspause oder den Feierabend wurde gewählt, um auch den Kunden, die sich in einiger Entfernung befanden, schon anzeigen zu können, ob auf der Anlage gearbeitet wurde. Die Flügel wurden dabei in der Form eines Andreaskreuzes fixiert. Weitere Flügelsymbole standen für einen freudigen Anlass, einen Trauerfall oder eine Mühlenpause. Diese Mühlensprache verdeutlicht, dass die Mühlen im alten Ostfriesland auch eine gesellschaftliche Bedeutung besaßen.

Bohlens Mühle besaß über die Zeiten eine das dörfliche Leben prägende Funktion. Man traf oder verabredete sich hier und tauschte Neuigkeiten und Erfahrungen aus. Viele der alten Mühlen Ostfrieslands sind bis heute erhalten und Kommunikationszentren der unterschiedlichen Generationen geblieben, weil sie als zentrale Stätten den Heimatvereinen dienen und als Mühlenmuseen vor allem für auswärtige Besucher präsentiert werden.

IN EINER DORFSCHULE

Der Jüngling hatte einen „offenen Kopf". Bei eigenem Fleiß und guter Anleitung würde er sicher ein guter und passabler Schullehrer werden. So sah es Superintendent Fischer, der von dem jungen Johann Tönnies Hoffmann aus Potshausen überzeugt war. Im Jahr 1821 hatte sich der jugendliche Lehreramtskandidat um eine Stelle in einer ostfriesischen Moorsiedlung beworben und Fischer hatte ihn nun zu prüfen.

Wie der Superintendent feststellte, las der 18-jährige Bewerber „mit Verstand" ein ihm aufgegebenes Pensum vor, und auf die Fragen, die der Kirchenmann ihm über Religionswahrheiten vorlegte, antwortete er meistens richtig. Der Superintendent ließ ihn über den 2. Artikel katechisieren. Hoffmanns Fragen zu dem Sachverhalt machten deutlich, dass er gute Anlagen besaß. Vom Rechnen verstand der junge Mann so viel, wie es ein Schulmeister in einer Nebenschule „nötig hat", Schreibkenntnisse stellte der Potshausener durch Schriftproben unter Beweis. Die Melodien der Lieder Nr. 13, 19 und 317 aus dem ostfriesischen Gesangbuch konnte Johann „ziemlich richtig" singen. Insgesamt befand Fischer die Prüfung als „recht wohl" ausgefallen.

Johann T. Hoffmann hatte sich bei der Schulverwaltung in Aurich um die Stelle eines Gehilfen des alten und schwachen Schulmeisters in der Moorkolonie Moordorf beworben. Für eine provisorische Anstellung begehrte er acht Reichstaler an monatlichem Gehalt. Von diesem Geld musste er nicht nur sich selbst Kost und Logis verschaffen, sondern auch seine alten, bedürftigen Eltern unterstützen.

Fischer hielt die Fähigkeiten des Bewerbers zur Wahrnehmung der Schulstelle in einer Moorkolonie wie Moordorf für ausreichend. Etwas Bedenken machte ihm aber das jugendliche Alter Hoffmanns. Er hoffte, dass der Schulmeister trotzdem genug Energie und Autorität an den Tag legen würde, um die Erziehung der „rohen" Kinder in der Kolonie wahrzunehmen. Sicher würde Hoffmann auf die Unterstützung des für Moordorf zuständigen Predigers in Victorbur und auf die Schulbehörden angewiesen sein.

So wurde der Junglehrer im Herbst des Jahres 1821 zunächst für drei Monate zum Gehilfen des dienstuntauglichen Schullehrers Heuland angestellt. Der Victorburer Prediger Harms wies den jungen Mann in seine Tätigkeit ein. Bei seiner Einführung riefen Harms und der neue Lehrer die Elternschaft der Moordorfer Schulkinder zusammen und verpflichteten sie, ihre Kinder regelmäßig zur Schule zu schicken.

Hoffmann erwies sich überraschenderweise als ein besonderer Glücksgriff für Moordorf. Seine hohen pädagogischen Fähigkeiten waren bei seiner Prüfung gar nicht recht deutlich geworden, zeigten sich dann aber in der Praxis in besonderem Maße, und anscheinend fassten die Eltern zu dem jungen, unverbrauchten Mann Vertrauen. Nach 14 Tagen Unterricht durch den Junglehrer zeigten seine Bemühungen „den glücklichsten Fortgang". Etwa 70 bis 80 Kinder besuchten täglich die Schule. Prediger Harms hatte berechtigte Hoffnungen, dass sich die bis dahin noch nicht erschienenen 10 bis 15 Kinder ebenfalls in den nächsten Tagen zur Teilnahme am Unterricht einfinden würden.

Der junge Lehrer zeigte Eifer und Tüchtigkeit und erwies sich als ein junger Mann, „der die Wichtigkeit seines Amtes wohl fühlt." So beurteilte jedenfalls der Victorburer Pastor den Junglehrer. Falls die Elternschaft den Nachwuchs weiterhin konsequent in den Unterricht des neuen Lehrers schicken würde, bestand nach Harms Einschätzung große Hoffnung, dass die Schülerschaft, die er noch größtenteils für ganz unwissend hielt, „nunmehr umso mehr in der Erkenntnis gefördert wird."

Im Dezember 1821 hatte sich die Lage aus Sicht der Schulverwaltung deutlich verbessert. Auch die Kinder, die bis dahin nicht zum Unterricht erschienen waren, fanden sich mittlerweile ein. Einige wenige wurden allerdings aufgrund häuslicher Umstände noch immer gehindert, am Unterricht teilzunehmen. Im Dezember besuchten fast 90 Kinder die Schule. Es waren aber nicht genügend Schulbücher vorhanden. Die Eltern waren kaum imstande, sie anzuschaffen. Auf Antrag des Victorburer Predigers stellte die Schulverwaltung in Aurich der Moordorfer Schule kurz vor Weihnachten 30 ABC-Bücher, 15 Psalter, zehn Bibeln, fünf Katechismen und fünf Gesangbücher zur Verfügung. Zu der Zeit befanden sich unter den Schulkindern bereits 20 Schüler, die nach der Meinung von damaligen Fachleuten „ziemlich fertig lesen" konnten.

Im März 1822 stellten die Behörden bezüglich der Moordorfer Schulverhältnisse fest, dass der Schulgehilfe ungeachtet seines jugendlichen Alters die allgemeine Achtung der Kolonisten genoss und dass sein Unterricht von den meisten Kindern gern besucht wurde.

Die staatlichen Stellen planten zu diesem Zeitpunkt, in Moordorf möglichst bald eine Industrie- und Arbeitsschule einzurichten, um die Verhältnisse in der Kolonie noch konsequenter zu verbessern. Die Schulverwaltung sah sich bereits nach einem geeigneten Lehrer einer solchen Einrichtung um. Es sollte ein verheirateter, erfahrener Erzieher sein, dessen Ehefrau auch in der Lage sein musste, in der Schule als Handarbeitslehrerin entsprechenden Unterricht zu erteilen. Den guten, aber unverheirateten Schulgehilfen Hoffmann hielt man mit seinen 18 Jahren daher für ungeeignet zur Leitung einer Industrieschule.

Von den Plänen der Behörden hatten auch die Moordorfer Eltern gehört. Sie fürchteten um den Verlust des allgemein sehr beliebten Junglehrers. Der Moordorfer Bauermeister Neemann wandte sich daher im Mai 1822 an die Schulverwaltung. Sein Brief, den 50 Mitkolonisten teils mit ihren Namenskreuzen unterschrieben, verdeutlicht die Wertschätzung, die die rauen Moorpioniere dem Schulgehilfen entgegenbrachten:

„Nachdem die allgemeine Sage geht, daß wir unsern vielgeliebten Schullehrer J. T. Hoffmann, den wir nun noch kein sieben Monath gehabt haben, verlieren sollen so bitten wir ein hochwürdiges Konsistorium [Verwaltungsbehörde der Kirche, auch

Der Dorfschulmeister mit seinen Schülern vor dem kleinen Schulgebäude in Lehmbauweise.

Schulverwaltung; d. Vf.], uns doch den Schullehrer Hoffmann, wenn Möglichkeit dazu ist, bey unsern Kindern zu lassen, denn die Anzahl derselben erstrecket sich auf 88 zwischen 5. und 12. Jahr und in einigen Jahren kommt die Zahl über 100. Konsistorium ist bekannt, daß die Schule eine Zeitlang vor Hoffmanns Ankunft ausgesetzt gewesen, daß die Kinder die Schule nicht besucht haben, so waren sie ganz unwissend und wußten weder von Gott und seinem Wort.

Und da in den zurückliegenden Winter die Schule so zahlreich besuchet worden, und die Kinder durch den Fleiß unseres Schullehrers Hoffmann dahin gebracht worden sind, nun lesen zu können, unsere Kinder weinten heute laut, man muß um das Weinen so gerühret werden, weil sie in Furcht seien, ihren lieben Lehrer zu verlieren der obwohl bey strenger Zucht, die Kinder so sehr liebet. Wir bitten flehentlich, ein hochwürdiges Konsistorium wolle in Gnaden geruhen, um uns unseren geliebten Schullehrer Hoffmann zu lassen."

Den Antrag der Moordorfer unterstützte auch der alte Lehrer Heuland, der vorschlug, Hoffmann später doch als Handarbeitslehrer einzusetzen, falls dafür jemand gesucht werde. Die Moordorfer Einwohner schrieben noch weitere Bittbriefe um eine Weiterbeschäftigung des jungen Erziehers in ihrer Siedlung. Hoffmann selbst ließ trotz der Spekulationen über das baldige Ende seiner Lehrtätigkeit in Moordorf nicht nach, bei den Behörden um weitere Lehrmittel nachzufragen. Im September benötigte er zusätzliche zehn Bibeln, sechs Katechismen und sechs Psalter. Der Antrag wurde umgehend von der Verwaltung genehmigt.

Moordorfer Schüler mit ihrem Schulmeister, vor 1920.

Wenig später beantragte der damalige Moordorfer Polizeiaufseher Kuckuck weitere Verbesserungen für die Schule. Zu diesem Zeitpunkt fehlten noch zwei Bänke, sodass nicht alle Kinder einen Sitzplatz im Schulraum hatten. Sie mussten „auf dem steinernen Boden herumliegen." Kuckuck wies darauf hin, dass die Einwohner von Moordorf die Bänke selbst nicht bezahlen konnten und genug damit belastet seien, ihren eigenen Lebensunterhalt zu erwirtschaften. Der Polizeiaufseher brachte in dem Schreiben zum Ausdruck, dass er in dieser schulischen Angelegenheit etwas verunsichert sei. Die Behörden zeigten in diesem Fall aber Verständnis für die Situation der Eltern: Der Amtszimmermann Janßen bekam den Auftrag, die zwei Bänke anzufertigen und die Rechnung bei der Schulverwaltung einzureichen.

Kurz darauf hatte auch der Polizeiaufseher die Gelegenheit, sich von den besonderen Fähigkeiten Hoffmanns zu überzeugen. Da ihm alle Kolonisten versichert hatten, dass ihre Kinder außerordentlich gut lernen, hatte er sich zu einem Unterrichtsbesuch entschlossen. Besonders die Worte eines Moorsiedlers hatten Kuckuck beeindruckt. Dieser hatte ausgesagt, dass er wohl für Hoffmann auf die Knie fallen und ihm danken wolle, weil er ihn „so lieb habe."

Der Polizeiaufseher stellte bei seiner Visitation des Unterrichts erstaunt fest, dass verschiedene Kinder im sechsten Lebensjahr – nach den damaligen Bewertungskriterien – bereits in der Bibel lesen und auch schon schreiben konnten. Kuckuck fasste seine Eindrücke in einem Schreiben an seine Behörde zusammen. Darin formulierte er u. a.: „Ich muß daher auf Bitte der Gemeinde solches anzeigen; bitte daher, wenn es sein kann, den Schullehrer da zu belassen. Konsistorium würde dadurch sich den Dank und die Liebe aller hier sich befindlichen Colonisten zuziehen."

Im November ging das Gerücht, dass man Hoffmann trotz aller Bemühungen ins Harlingerland versetzen wollte. Der Junglehrer wollte allerdings lieber nach Wittmund versetzt werden, weil seine Eltern in der Nähe lebten. Sie scheinen vollkommen mittellos gewesen zu sein. Auf seinen Antrag hin wurde der junge Mann zunächst im November 1822 vom Militärdienst befreit. Darüber hinaus hatte sich die Schulverwaltung entschlossen, ihn vorläufig und bis zu seiner Beförderung auf eine bessere Lehrerstelle in die Nebenschule nach Hartward bei Esens zu versetzen. Die Behörde war der Ansicht, dass Hoffmann aufgrund der Nähe zur Stadt Esens Gelegenheit haben werde, sich für wichtigere Tätigkeiten zu qualifizieren. In Berücksichtigung seiner in Moordorf bisher geleisteten nützlichen Dienste wollte die Schulverwaltung den Lehrer gern bei der ersten günstigen Gelegenheit auf eine bessere Stelle versetzen. Die Bestallung als Nebenschullehrer in Hartward erfolgte im März 1823.

Den Moordorfern blieb Hoffmann wohl in guter Erinnerung. Seine verdienstvolle Tätigkeit in der armseligen Kolonie führt uns in besonderem Maße die große Bedeutung der Lehrerpersönlichkeit für einen gewinnbringenden Unterricht vor Augen. Angesichts der wenigen Lehr- und Lernmittel in der damaligen Zeit und der katastrophalen Gegebenheiten in den Schulräumen und -gebäuden ist seine Leistung umso bemerkenswerter. Ganz offensichtlich war Hoffmanns Persönlichkeit von Menschenfreundlichkeit geprägt und der Fähigkeit, die ihm anvertrauten Kinder vorbehaltlos anzunehmen. Darüber hinaus wird an diesem Beispiel auch deutlich, dass keineswegs nur die von den Behörden immer wieder hervorgehobene Halsstarrigkeit und Uneinsichtigkeit der Moordorfer Elternschaft der Grund für die allgemein schlechten Schulverhältnisse in der verrufenen Kolonie gewesen sind.

INSPEKTION IM ARMENHAUS

Für den Bestand von Gesellschaften sind in allen Zeiten Maßnahmen zur Eingrenzung von Armut nötig gewesen, um Verteilungskämpfe und Unruhen von Bevölkerungsgruppen zu vermeiden. Ein wichtiges Instrument der damit verbundenen Armenpflege waren im 18. und 19. Jahrhundert die sogenannten Armenhäuser. Sie wurden eingerichtet, um Arme in der Regel über einen längeren Zeitraum unterbringen und versorgen zu können. Viele dieser Einrichtungen waren gleichzeitig Arbeits-, Zucht- und Waisenhäuser, in denen sich die Armen durch Handarbeiten und ähnliche Beschäftigungen einen Teil ihres Lebensunterhaltes selbst verdienen sollten. Die Hilfsangebote für die Bedürftigen waren so organisiert, dass die Leistungsträger der Armenfürsorge nicht zu sehr beansprucht wurden. Während im Fall von Missernten und Katastrophen Hilfsleistungen für Notleidende aus Lebensmitteln oder Geldzuwendungen bestanden und oft einmalig vergeben wurden, belastete die Versorgung der Schwachen und Notleidenden in den Armenhäusern die Armenkassen der einzelnen Gemeinden in der Regel sehr. Die Leistungserbringer und Beitragszahler wollten ihre Belastungen verständlicherweise gering halten, sodass die Zahl der zu unterstützenden Armen eine bestimmte Höhe nicht übersteigen durfte, um das ganze System nicht zu überfordern.

Zum Ende des 18. Jahrhunderts und in der ersten Hälfte des 19. Jahrhunderts stieg die Bevölkerungszahl in Ostfriesland stark an, was sich besonders in der Zunahme der unteren Schichten des Volkes zeigte. Aus dem daraus resultierenden Anstieg der Notleidenden folgte zunächst, dass sich die Verpflegung in den Armenhäusern nur auf das Notwendige beschränkte. Man war bestrebt, jede übermäßige Versorgung zu vermeiden, um Bedürftige von einem Gesuch auf eine Unterbringung in einem Armenhaus möglichst abzuhalten. Arbeitsfähige Arme in den Häusern wurden zudem zu Arbeiten herangezogen, um die Beitragszahler in den Kommunen durch eine Eigenversorgung der Bewohner in den Einrichtungen der Armenpflege zu entlasten.

In den Gemeinden der Krummhörn, der Marschgegend im westlichen Teil der ostfriesischen Halbinsel, standen sich in der ersten Hälfte des 19. Jahrhunderts die wohlhabenden Bauern und die von Armut bedrohten landwirtschaftlichen Arbeiter gegenüber. In dieser von diesem Gegensatz geprägten Zeit verursachte das Bevölkerungswachstum große Probleme, da der Arbeitsmarkt die Menschen nicht mehr alle aufnehmen konnte. Dauerhafte Arbeitsplätze waren nicht in genügender Anzahl vorhanden, sodass viele Familien verarmten. Kamen in einer solchen Situation noch steigende Lebensmittelpreise, geringe Agrarpreise und Missernten dazu, vermehrte sich die Anzahl der unterstützungsbedürftigen Armen schnell.

Ausgabe des Essens an die Bewohner eines Armenhauses.

In der Krummhörn wurden in der ersten Hälfte des 19. Jahrhunderts umfangreiche Überlegungen angestellt, um das Armenwesen der Kommunen zu verbessern. Im Jahr 1826 beabsichtigte das in der Krummhörn liegende Amt Greetsiel, für die meisten Gemeinden des Zuständigkeitsbereiches eine kombinierte Arbeits- und Armenanstalt einzurichten. Diese Anstalt sollte entweder in der Ortschaft Pewsum oder im Dorf Greetsiel ansässig sein. Für Pewsum sprach, dass man dort ein bäuerliches Anwesen mit Landflächen erwerben konnte und dass ein Arzt und ein Apotheker vor Ort waren. Auch der Amtssitz befand sich in unmittelbarer Nähe, sodass zur Klärung von Streitigkeiten keine langen Reisen unternommen werden mussten. Dagegen ließ sich in Greetsiel das Landgut eines verstorbenen Administrators nutzen, dass aus einem Wirtschaftsgebäude mit etwa 26 Hektar des besten Landes bestand und für 7.000 Reichstaler erworben werden konnte. Die Gemeindevertreter von sechs Kommunen favorisierten das Anwesen in Greetsiel; diese Planungen wurden aber in der folgenden Zeit nicht umgesetzt.

Im Sommer 1828 änderte sich die Einstellung des Amtes Greetsiel im Hinblick auf eine zentrale Armen- und Arbeitsanstalt. Das Amt hielt es nun nicht mehr für sinnvoll, die lokale Armenversorgung des ganzen Zuständigkeitsbereichs aufzuheben und eine große zentrale Verwaltung an ihre Stelle zu setzen. Man hatte die Erfahrung gemacht, dass den Ursachen der Verarmung bei einer lokalen Armenpflege besser als bei einer allgemeinen Armenanstalt vorgebeugt werden konnte. Die Armenvorsteher und jeder vermögende Einwohner in den einzelnen Kommunen hatten ein eigenes und unmittel-

Das Hohe Haus in Greetsiel von 1696 war ursprünglich das Rentmeisterhaus, ein Verwaltungsgebäude der Landesherrschaft.

bares Interesse, die Notlage eines Mitbürgers zu vermeiden. Sie waren deshalb frühzeitig bestrebt, die Verarmung dieses Bürgers abzuwenden. Dies gelang aber nicht, sobald jeder Ort sich seiner verarmten Mitglieder dadurch entledigen konnte, indem er sie in eine Anstalt schickte, zu deren Unterhaltung viele beitrugen. Jeder suchte dann auf Kosten der Gesamtheit seinen persönlichen Vorteil und den seiner Ortseingesessenen. Das Amt war daher zu der Erkenntnis gekommen, dass die Errichtung der geplanten zentralen Armenanstalt nicht der Verarmung vorbeugen, sondern vielmehr die Zahl der Unterstützungsbedürftigen vermehren würde. Dies hätte wiederum eine Erhöhung der Beiträge zur Folge gehabt, die die Wohlhabenden zur Armenunterstützung aufzubringen gehabt hätten.

Auch die Gemeinden Pewsum, Woquard, Groothusen, Hamswehrum, Upleward, Manslagt, Pilsum und Uttum sprachen sich gegen eine zentrale Armenanstalt aus, weil sie hohe Kosten fürchteten. So gab man den Plan, eine Einrichtung für den ganzen Amtsbezirk zu schaffen, zunächst wieder auf. Es kam aber in den folgenden Jahren zu einer Zwischenlösung. Man richtete zwar eine zentrale Armen- und Zwangsarbeitsanstalt in Greetsiel ein, die allerdings in ihrer Zuständigkeit auf die Kommunen Greetsiel, Eilsum und Pilsum beschränkt blieb.

Einen guten Einblick in die Verhältnisse in dieser Anstalt gibt ein Bericht, den der Amtsinspektor aus Greetsiel im Jahr 1860 nach einem Besuch dieses Armen- und Arbeitshauses abgefasst hat. Aus diesem Bericht geht hervor, dass sämtliche Zimmer der Anstalt nach den Kriterien der damaligen Zeit sauber und ordentlich waren, die Küche sogar in bester Ordnung und das Geschirr reinlich und blank geputzt war. Im Arbeitssaal der Frauen befanden sich drei Männer. Ein Greis im Alter von 89 Jahren war untätig, die beiden anderen beschäftigten sich mit dem Anfertigen von Strohdecken und Tauen. Acht Knaben aus Pilsum und Eilsum, die noch nicht zur Schule gingen, halfen dabei. Von den Frauen hielt sich keine im Arbeitssaal auf, da sie sich mit häuslichen und wirtschaftlichen Arbeiten beschäftigten. Zwei alte Frauen waren im Frauenkrankenzimmer untergebracht, um ihre Gebrechen zu kurieren. Wörtlich heißt es in dem Bericht:

„Die Männer sind bei der geringen Anzahl der in der Anstalt Angenommenen vorerst mit im Arbeitssaale der Frauen untergebracht, da der Arbeitssaal der Männer zur Zeit zum Trocknen der Wäsche und der gefertigten Waaren verwandt werden muß. Es beruht dies auf einem Beschlusse des Verwaltungs-Ausschusses. Im Männer-Krankenzimmer sind 4 Personen, darunter ein Blödsinniger. Von den andern Patienten ist keiner bedenklich krank. Frauen und Kinder sind alle wohl. Der Armenvater Schuster referierte, dass von den 50 in die Anstalt Aufgenommenen bereits fünf verstorben seien. Contagiöse [ansteckende; d. Vf.] Erscheinungen seien dabei nicht vorgekommen. Er seinerseits glaube, dass die Veränderung der ganzen Lebensverhältnisse der Verstorbenen, welche sämmtlich in sehr hohem Alter gestanden haben, vorzugsweise deren Erkrankung und rasches Absterben verursacht haben; daneben sei zu erwähnen, dass gerade die Verstorbenen zu den allerschmutzigsten gehört haben (dem Einen seien noch nach achttägiger täglicher Reinigung die Läuse aus dem Fleische gekrochen) und aus früheren Erfahrungen könne er bezeugen, dass viele Personen wenn sie längere Zeit im Schmutze gelebt haben, eine gründliche Reinigung nicht lange überlebten.

Endlich habe dabei noch mitgewirkt, dass die Aufgenommenen die ihnen in der Anstalt zu Theil werdende Kost etwas zu reichlich gewesen sei. Der um seine gutachterliche Ansicht ersuchte Anstalts-Arzt Dr. Walkerling gab dieselbe dahin ab, dass bei sämmtlichen Verstorbenen die gleiche Erscheinung die unmittelbare Todes-Ursache abgegeben habe, da bei Allen ein Lungen-Katarrh vorgelegen habe, zu dessen Entstehung wahrscheinlich die Übersiedelung in die Anstalt den ersten Grund gelegt habe, vielleicht auch der Umstand, dass das Anstaltsgebäude noch nicht vollständig ausgetrocknet sei mitgewirkt habe. Der Katarrh habe aber nur durch die Individualität der Verstorbenen einen bösartigen Charakter angenommen und die geringe Lebenskraft der alten Leute rasch verzehrt. Jüngere Leute würden bei gleicher Erkrankung kaum das Zimmer zu hüten nöthig gehabt haben. Die Verpflegung in der Anstalt sei in keiner Weise daran Schuld, dieselbe lasse in keiner Beziehung etwas zu wünschen übrig und die von ihm getroffenen Diät-Vorschriften wurden pünctlich befolgt. Der Gesundheits-Zustand in der Anstalt sei augenblicklich ein durchaus befriedigender und weitere Todesfälle seien zurzeit nicht zu befürchten."

Der Amtsinspektor ließ sich bei seinem Besuch auch die vom Armenvater geführten Bücher vorlegen und stellte fest, dass alles seine Ordnung hatte. Strafen bei Verstößen

Die Zwillingsmühlen von Greetsiel.

gegen die Hausordnung waren den Bewohnern bisher nur angedroht worden, lediglich ein Betreuter wurde einmal mit der Entziehung des Frühstücks bestraft. Mittags wurde das Essen in Ruhe eingenommen und die Insassen des Hauses brachten dem Leiter und seiner Ehefrau Respekt entgegen. Beschwerden wurden von keiner Seite erhoben. Der Inspektor nahm auch die Speisevorräte in Augenschein. Deren Qualität war gut, lediglich die Erbsen hätten reiner verlesen sein können. Der Amtsinspektor und der Hausleiter waren sich darüber einig, dass die in einer Speisetabelle angegebenen Portionen bei Weitem zu groß waren und wollten sie daher verändern. Obwohl sie bisher immer nur drei Viertel der behördlich vorgegebenen Portionen zubereitet hatten, waren die größten Esser nicht in der Lage gewesen, ihren Teil zu verspeisen. Einzelne hatten sich anfangs sogar den Magen verdorben.

Der Hausleiter erwähnte, dass für die Armen noch keine Sonntagsbekleidung angeschafft worden sei. Der Inspektor brachte zur Sprache, dass bei der Begehung durch die Anlage ein Pflegling rauchend angetroffen wurde. Es handelte sich um einen Mann im Alter von über 90 Jahren. Der Verwaltungssauschuss der Armenanstalt hatte diesem Mann das Rauchen gestattet, da man annahm, dass er den Genuss des Tabaks nicht mehr entbehren könne. Am Ende der Inspektion fertigte der Inspektor eine vollständige Liste des Inventars der Anstalt an.

WOLDENDÖRFER

Die ehemaligen Kirchspiele Bedekaspel, Forlitz und Blaukirchen werden als Woldendörfer bezeichnet. Die drei Bauernschaften befinden sich in einem tiefgelegenen Gebiet, das sich östlich des sogenannten Großen Meeres erstreckt. Bedekaspel und Blaukirchen grenzen direkt an diesen größten Binnensee Ostfrieslands. Der Begriff „Wolden" ist sicherlich nicht auf den Begriff Wald zurückzuführen, wie auch schon der Prediger und Historiker Houtrouw im 19. Jahrhundert vermutete. Er berichtete, dass fast alle Orte in Ostfriesland, die die Bezeichnung „Wold" enthalten, in sehr niedrig gelegenen Gebieten auftauchen, in denen es nie Waldungen gegeben hat. Laut Houtrouw hieß Bedekaspel im 13. Jahrhundert noch „Lopessumwalde", in Pfarrregistern des 15. Jahrhunderts aber bereits „Betekerke". Im Mittelalter wurde Forlitz in manchen Quellen auch „Godekirs" und „Vorletz" genannt.

In verschiedenen Archivalien aus dem 19. Jahrhundert taucht nicht selten der Name einer weiteren Ortschaft in den Wolden auf: Moorhusen. Da es zur selben Zeit die gar nicht weit entfernte Moorkolonie Moorhusen im Kirchspiel Engerhafe gab, führte diese Namensgleichheit später dazu, dass selbst lokalgeschichtlich gut informierte Ortsansässige nicht an die frühere Existenz einer gleichnamigen Ansiedlung in den Wolden glaubten. Keine Wegebezeichnung und kein Flurname weisen heute auf diese Ortschaft hin, die doch tatsächlich am Großen Meer existiert hat. Wir können heute davon ausgehen, dass die Ortsbezeichnung bereits in den letzten Jahrzehnten vor 1900 in den Wolden kaum noch verwendet wurde.

Houtrouw berichtet auch, dass Blaukirchen – auch Südwolde genannt – am Ende der Fürstenzeit in Ostfriesland, also um 1740, „mit dem dazu gehörigen Moorhusen aus nur 9 ganzen und 3 halben Heerden [Bauernstellen, d. Vf.]" bestand. Das in den Südwolden liegende Moorhusen war also sehr klein; es gab nur wenige Häuser.

Fridrich Arends nennt dieses Moorhusen in seiner Publikation von 1818 nicht. Bemerkenswert ist jedoch seine Feststellung zu dem betreffenden Gebiet: „Der Boden dieser Communen besteht bei den Häusern aus moorigem Sand, theile aus bräunlicher sandiger Erde, durchgängig mit Darg [torfige Moorschicht, d. Vf.] darunter, mit einzelnen höhern Sandrücken und Anhöhen, worauf die Häuser stehen. Der Boden bringt viel Gras hervor, und Hafer wächst besonders im Stroh sehr geil, daher diese Gegenden so großen Ueberfluß an Stroh haben, daß sie noch viele Schiffsladungen davon nach Emden verkaufen, obgleich ihr Viehstand bedeutend ist. Sommerkorn ist das einzige was man hier säet, der wenige Rocken auf den sparsamen höhern Sandplatten ist nicht zur eignen Consumtion hinreichend. Wie in den niedrigen Gegenden des Emder Amts säet man hier in Neubruch 2 Jahr Hafer, düngt dann zu Gerste und nimmt noch wohl im 4. Jahr wieder Hafer, der auch oft weg bleibt." Klee, so schreibt er weiter, werde nicht gesät und man überlasse es dem Boden, sich selbst zu begrünen, was – wegen der niedrigen Lage – sehr schnell geschehe. In einer anderen Schrift von 1824 beziffert Arends die Einwohnerzahl von Forlitz auf 70 und die von Blaukirchen auf 123 Personen. Wie Bedekaspel (103 Einwohner) seien diese Dörfer im Winter gewöhnlich vom Wasser umgeben.

Die Wolden bestanden am Anfang des 19. Jahrhunderts meistenteils aus zerstreut liegenden Bauernplätzen und einigen Warfshäusern. Blaukirchen wurde tatsächlich von den Einwohnern auch Südwolde genannt. Der südliche Teil davon hat die Bezeichnung Moorhusen. Aus einer kolorierten Karte von M. Reimers aus dem Jahr 1812 geht die Lage der damaligen Ortschaft hervor. Moorhusen bestand zu dem Zeitpunkt aus sechs Hausstellen am heutigen Woldenweg und nahe dem Schnittpunkt Blaukirchener Straße/Woldenweg.

Die große und bis heute in der Region unvergessene Weihnachtsflut von 1717 hatte auf die Kirchengemeinden von Forlitz und Blaukirchen schlimme Auswirkungen und große finanzielle Belastungen zur Folge. 1717 wurde daher beschlossen, zukünftig nur einen Prediger gemeinsam zu wählen und zu besolden. Dieser hatte an Sonn- und Feiertagen abwechselnd in Forlitz und in Blaukirchen zu predigen. Kirchen- und Armenvermögen blieben jedoch auch weiterhin getrennt und in jedem Dorf unterrichtete ein eigener Schulmeister.

Im Jahr 1819 ließ sich ein Krüger in Blaukirchen nieder. Für Viehhändler aus Emden und Aurich sowie für die Fischer vom Großen Meer wurde sein Haus zu einem beliebten Treffpunkt. Im Herbst fuhr fast täglich eine Treckschute (kleines Holzboot, vom Ufer aus getreidelt, also von Pferden gezogen) mit verschiedenen Gütern – Getreide, Schlachtvieh oder Butter – nach Emden. Die Kolonisten aus den benachbarten Moorsiedlungen legten hier ebenso eine Rast ein und fütterten die Pferde, die schwer an den mit Torf beladenen Einspännern zu ziehen hatten. Die Schankwirtschaft stellte aber auch eine Anlaufstelle für Reisende dar, die sich auf dem Weg in die Hafenstadt Emden befanden. Daneben wurde die Gaststube als Versammlungsort der Gemeindemitglieder genutzt.

Der schlechte Bauzustand der Forlitzer Kirche und die hohen Beitragslasten der Niederemsischen Deichacht führten nach einer weiteren Sturmflut von 1825 zu dem Entschluss der Forlitzer, einen Antrag auf Umpfarrung in das benachbarte Kirchspiel Blaukirchen zu stellen. Nach langwierigen Verhandlungen stimmten die Blaukirchener schließlich zu. Beide Gemeinden vereinigten sich im August 1844 zu einem Kirchspiel. Ab diesem Zeitpunkt bemühte sich die Bevölkerung um den Bau einer neuen, gemeinsamen Kirche sowie eines größeren Schulgebäudes mit Lehrerwohnung in unmittelbarer Nähe des Gotteshauses.

Im Jahr 1847 war für Kirche und Schule tatsächlich Baubeginn im Mittelpunkt des Gebietes von Forlitz-Blaukirchen, u. a. mit Baumaterialien der beiden abgebrochenen

Idylle am Großen Meer.

alten Kirchen und Kirchtürme. Überflüssig gewordene Gebäude beider Dörfer konnten günstig verpachtet werden, finanzielle Unterstützung bekamen die Forlitzer und Blaukirchener durch Beihilfen der Kirchenverwaltung in Aurich sowie durch Haussammlungen.

Die niedrige Lage der Wolden stellte die dort lebenden Menschen vor große Probleme. Die Wege wurden während anhaltender Regenperioden oft vom Wasser des Großen Meeres überflutet und waren nicht benutzbar, auf den landwirtschaftlichen Flächen verdarben die Früchte und das Getreide. Die Bewohner Bedekaspels sahen sich aller Verbindungsmöglichkeiten beraubt, wenn es bei Überschwemmungen fror und das Eis noch nicht trug. Boote konnten nicht eingesetzt werden und die Menschen mussten auf den Besuch des Gottesdienstes verzichten. Die Kinder hatten keine Möglichkeit, die Schule zu erreichen. Die Bewohner konnten nicht zur Mühle, zum Bäcker oder zum Krämer gelangen, um Mehl, Brot und andere Lebensmittel zu kaufen. Es gab für die Einwohner keine Gelegenheit, in die Städte zu fahren, um ihre Produkte zu verkaufen und Dinge des täglichen Bedarfs heimzubringen. Auch war es kaum möglich, bei Bedarf ärztliche Hilfe herbeizuholen oder Tote zu bestatten. Um 1850 erhöhten die Bedekaspeler deswegen ihre Wege, insbesondere den von Wiegboldsbur nach Bedekaspel und Forlitz führenden Hauptweg. Finanzielle Unterstützung erhielten sie von den Behörden, die die Notlage der Bewohner richtig einschätzten.

In einem behördlichen Schreiben aus der Zeit heißt es dazu, die Ortschaften Bedekaspel, Forlitz-Blaukirchen und Moorhusen lägen so tief, dass im Winter die einzelnen

Die Kirche in Bedekaspel.

Häuser wie Inseln im Wasser stünden. Von einem abseits gelegenen Bedekaspeler Bauernhof, Mudderpott genannt, bis ins Dorf und in die dahinter liegenden Ortschaften Forlitz-Blaukirchen und Moorhusen war um 1860 zeitweise monatelang kein Verkehr zu Wagen oder zu Pferd möglich. Fuhrwerke kamen nicht weiter als zum Bauernhof im Mudderpott. Von hier aus in die Wolden hinein ging es nur mithilfe langer Wasserstiefel weiter, die der dort lebende Bauer besorgte, oder mit einem Boot, das er extra zu dem Zweck angeschafft hatte.

Nach einer Zählung im Jahr 1858 umfasste der Ort Bedekaspel 32 Wohngebäude und 235 Einwohner. Er wurde damals durch das Große Meer in zwei etwa gleich große Hälften geteilt. Im Dorf befanden sich auf einer kleinen Erhöhung und von einigen Häusern umgeben die Kirche mit Schule, Pastorei und Schullehrerwohnung. Die jenseits des Großen Meeres wohnenden Bedekaspeler lebten in der sogenannten Bedekaspeler Marsch.

Fridrich Arends schrieb 1818 über dieses Gebiet: „Westseits des großen Meers liegt sehr niedriges fettes Land, wie das von Abbingwehr, woran es grenzt; es gehört zu den Wolden und wird die Bedecaspeler Marsch genannt, auch die Sanden, weil der Boden theilweise etwas sandig ist. Beinah ein Dutzend Plätze [Bauernhöfe; d. Vf.] stehen hier, die alle eigene Namen, oft wunderliche, führen, wie Magerweg, Sunkemarum, Biesterfeld, Babel usw."

Die Marschbewohner schickten ihre Kinder um 1860 in eine Privatschule der Victorburer Marsch. Überhaupt orientierten sich diese „Woldmer" mehr nach der Chaussee

Die historische Schankwirtschaft „Haus Meints“ in Bedekaspel.

zwischen Aurich und Emden hin. Sie kauften in dem dort gelegenen Finkenburg'schen Haus ein, in dem es eine Krämerei, eine Gastwirtschaft und eine Bäckerei gab.

Im Jahr 1866 wurden wieder Klagen über die Beschaffenheit der Wege in Forlitz laut. Superintendent Oepke aus Engerhafe schrieb den Behörden in Aurich, die Wege seien so niedrig, dass sie bei nassem Wetter oder hohem Wasserstand fast versinken würden. Man könne sie oft nur benutzen, wenn sie leichtem Frost oder erheblichem Schneefall ausgesetzt gewesen seien. Oepke hatte Bedenken, ob der Zustand der Wege einen regelmäßigen Schul- und Kirchenbesuch der dortigen Einwohner gewährleisten konnte. Die Behörden wollten von alledem nicht mehr viel wissen. Nach ihrer Ansicht war der Weg von Forlitz zur Kirche und Schule zu jeder Jahreszeit zu Fuß und zu Wagen passierbar. Lediglich eine Strecke von etwa 40 Schritten Länge sei bei sehr hohem Wasserstand überschwemmt. Hier solle aber eine Erhöhung des Weges angeordnet werden. Von den verstreut liegenden Häusern in Blaukirchen aus war bei hohem Wasserstand der Weg zur Kirche nur mit einem Kahn zu bewältigen. In diesem Fall konnte nach Meinung der Behörden für eine Abhilfe nicht gesorgt werden. Seit Menschengedenken sei man dort auf dieses Transportmittel angewiesen und so solle es auch zukünftig bleiben.

Im Laufe der Zeit wurden die Wolden immer mehr entwässert, bearbeitet und verbessert. Aufgrund der technischen Möglichkeiten gibt es dort heute keine Überschwemmungen mehr. Das Landschaftsbild wird jedoch nach wie vor von einzelnen Hofstellen, weiten Weideflächen und Wiesenlandschaften, Kanälen und natürlich vom Großen Meer geprägt.

ESSEN UND TRINKEN DER LANDBEVÖLKERUNG

Der Landeskundler Fridrich Arends betrieb in der ersten Hälfte des 19. Jahrhunderts in Ostfriesland kulturhistorische Forschungen. Dank dieser Studien wissen wir heute einiges über die Ess- und Trinkgewohnheiten der ostfriesischen Marsch-, Geest- und Moorbewohner jener Zeit.

In der Marsch veränderte sich nach 1800 die Beziehung zwischen Bauer und Knecht. Der Landwirt wurde zum Herren und Arbeitgeber, der Knecht zum lohnabhängigen Arbeitnehmer. So entstand eine menschliche Distanz zwischen ihnen. Das zeigt sich auch in den Wandlungen der Tischsitten; so gaben Bauer und Knecht ihre althergebrachte Tischgemeinschaft auf. Die reichen Marschbauern aßen zwar wie früher mit ihrem Gesinde noch aus einem Topf, aber sie nahmen sich bei Tisch das Kuhfleisch heraus, während die Knechte und Mägde das Bullenfleisch bekamen. Auch die Schinken behielt der Bauer für sich. In den Bauernhäusern der Marsch war es allgemein üblich, dass Speckseiten, Schinken und Ähnliches in der Nähe der Feuerstelle an der Decke mit Speckhaken befestigt waren. Braten wurde selten aufgetischt. Wenn es Braten gab, dann in kleinen Stücken, die in der Pfanne zubereitet wurden. Kuchen, Torten und dergleichen waren auf dem Lande kaum bekannt. Das Frühstück bestand in dieser Zeit nicht mehr wie früher aus Brei, sondern meist aus Butterbroten mit Tee oder Kaffee. Das war besonders im Winter auch das Abendbrot.

Kaffee wurde viel im Umland der Stadt Jever getrunken – sogar dreimal täglich –, während man im Westen lieber Tee zu sich nahm. Morgens beim Frühstück sowie nachmittags und abends tranken die Einheimischen Tee, vor allem wenn es beim Abendessen keinen Brei gab. Vormittags gegen elf Uhr bereitete sich die Bevölkerung auch im Westen Kaffee zu, der bei Besuchen mit Zucker gesüßt wurde. Kandis, in Ostfriesland Kluntjes genannt, gab es zum Tee.

Der Bierkonsum ging in dieser Zeit stark zurück. Die Menschen in der Region waren starke Biertrinker gewesen, bevor das Teetrinken in Ostfriesland zur beliebten Gewohnheit wurde. Besonders der Ort Oldersum war bis zum 17. Jahrhundert ein bekannter Standort für verschiedene Bierbrauereien. Damals reichte die in Ostfriesland geerntete Gerste nicht aus, um alle Bierbrauereien in der Region hinlänglich zu versorgen. Man musste noch Gerste einführen. Darüber hinaus wurde bis um 1700 Bier aus Hamburg und Bremen importiert.

Im Westen der Region gab es bei Besuch mittags oft Mehlpütt – eine Süßspeise aus Mehl und Hefeteig –, nicht selten auch Reis mit Rosinen und Pflaumen. Alles wurde mit geschmolzener Butter und Zucker reichlich übergossen. Dazu reichte der Gastgeber

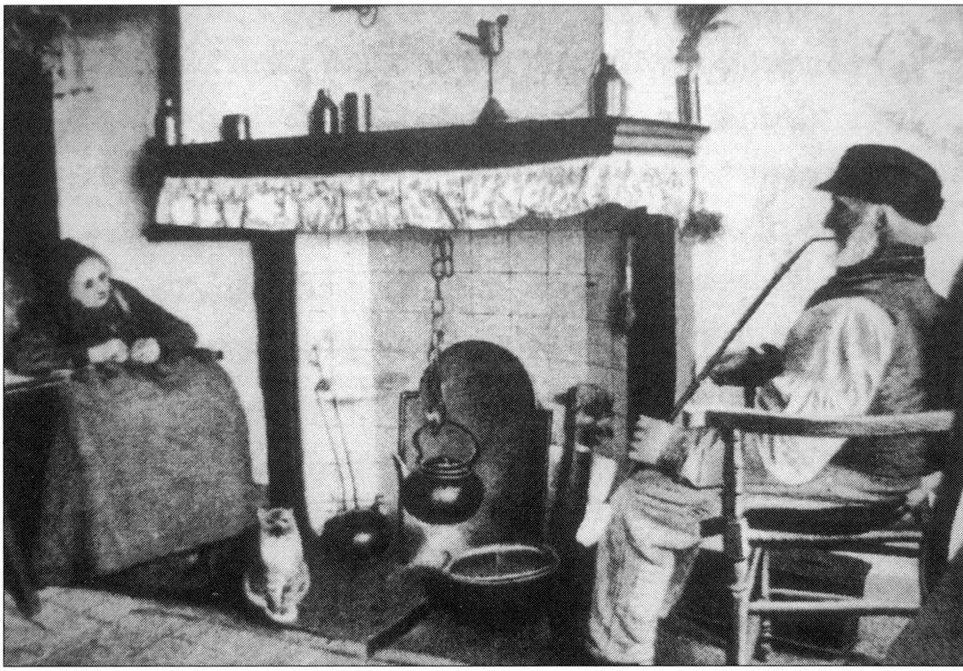

Altes Ehepaar an einer offenen Feuerstelle.

ein gutes Stück Pökel- oder Rauchfleisch, einen Schinken oder lediglich Speck. Manchmal öffnete man auch eine Flasche Wein, meistens wurde jedoch nach der Mahlzeit Branntwein getrunken.

Wenn Gäste aus der Stadt kamen, bot ihnen die Frau des Hauses abends entweder sauren Rahm mit Zwieback, Brot und Zucker oder sogenannte Wrungel – dicke, saure Milch mit Sahne – mit süßem Rahm an. Es war auf dem Lande bekannt, dass Städter diese Kost sehr schätzten.

In den Wintermonaten besuchten sich die Dorfbewohner in den westlichen Teilen Ostfrieslands abends sehr regelmäßig. Entweder kamen Ehepaare zusammen oder ein einzelner Nachbar betrat abends als Besucher allein die Wohnung des Hausherrn. Wenn zwei oder drei Familien nur abends zusammensaßen, begann der Besuch gegen 18 Uhr. Dann trank man Kaffee, Schokolade oder auch Branntwein, der für die Frauen mit Zucker gesüßt wurde. Das Abendessen bestand nur aus Butterbrot mit Käse und Rauchfleisch. Danach trank man in der Regel Tee. Bevor die Gäste aufbrachen, gab es noch ein Glas Branntwein.

Die Geestbauern frühstückten gewöhnlich nach der ersten Feldarbeit oder im Winter nach der Viehfütterung gegen acht Uhr. Sie aßen Buttermilchbrei oder Buchweizengrütze, wozu besonders im Winter gerne Kartoffeln mit Salz sowie Butterbrote verspeist wurden. Dazu tranken sie Tee oder Kaffee. Viele nahmen bereits nach dem Aufstehen am frühen Morgen diese warmen Getränke zu sich.

Eine Moorkolonistin schält vor ihrer Sodenhütte Kartoffeln.

Mittags gab es oft frische oder getrocknete Erbsen, Buschbohnen, Rüben, Kohl und vor allem Kartoffeln. Man aß selten Grütze, aber gerne Pfannkuchen aus Buchweizenmehl, die mit Speck oder in Öl gebacken wurden. Im Sommer kam Milch dazu, worin Brot gebrockt wurde. Fleisch und Speck wurde zwar gegessen, aber nicht täglich. Die Qualität des Fleisches und die verzehrten Mengen waren oft geringer als in den Marschgegenden. Tee tranken die meisten Landbewohner der Geest am Nachmittag, Kaffee dagegen eher wenig. Auch im Laufe des Vormittags wurde häufig Tee getrunken. Vor allem im Sommer war Buttermilch das tägliche Getränk. Bier gab es dagegen selten und der Konsum von Genever war gewöhnlich nur beim Gras- und Kornmähen üblich. Bei dieser Gelegenheit gab es für die Landarbeiter in der Regel vier Kannen Bier und ¼ Kanne Genever.

Die Moorbewohner ernährten sich noch einfacher. Kartoffeln machten die Hauptnahrung aus, denn viele Kolonisten mästeten nicht einmal ein Schwein. Milch und Butter waren oft nur wenig vorhanden, sodass die meisten Familien der Moorgebiete nicht selten dreimal täglich Kartoffeln mit Salz zu sich nahmen. Butterbrote wurden kaum gegessen, weil wenig Butter zur Verfügung stand. Wenn die Ernten gut ausfielen, ergänzten in Öl gebratene Pfannkuchen aus Buchweizenmehl den dürftigen Ernährungsplan. In den Siedlungen wurden Tee und auch Kaffee getrunken.

Etwa 100 Jahre später, also in den ersten Jahrzehnten des 20. Jahrhunderts, stand eine gemischte Eintopfkost auf der bäuerlichen Speisekarte an erster Stelle. Durch das

Verlobungsfeier auf dem Lande: Lübke Uden und Eilt Kettwig in Neu-Ekels im Dezember 1928.

nasskalte Klima und die Vereinfachung der Lebensweise aufgrund der täglichen Arbeitsgänge hatte sich diese gehaltvolle, leicht zuzubereitende Kost eingebürgert. Dieses Essen wurde mit wenig Flüssigkeit hergestellt, sodass die volle Geschmacksintensität gewährleistet war. An den Werktagen aß man entweder ein mit Kartoffeln durchstampftes Gemüsegericht mit Speck oder eine eher als Brei zu bezeichnende Erbsen- oder Bohnensuppe. Da das Mittagsmahl viel Fett enthielt, nahmen die Ostfriesen abends lieber eine mit Graupen angereicherte Buttermilchsuppe zu sich. Diese Suppe war zusammen mit Butterbrot und Käse bis um die Mitte des 20. Jahrhunderts das übliche Abendessen der Landbevölkerung.

Auch im Winter, wenn keine Butter mehr in den Bauernhäusern hergestellt wurde, konnte man diesen Brei zubereiten, weil die letzte Herbstbuttermilch noch monatelang im Keller aufbewahrt wurde. Wenn diese einen zu hohen Grad von Säuerung erreicht hatte, wurde der fertige Brei durch Zusatz von Sirup gesüßt, um ihn vor allem für die Kinder genießbar zu machen.

Bis auf die Zeit des Hausschlachtens gab es frisches Fleisch nur zu besonderen Anlässen. An Sonntagen bereitete man gern einen Mehlkloß zu. Dieser wurde nach altem Brauch in einem Tuch unter dem Topfdeckel gar. Dazu aß man Fleisch – häufig Eisbein in getrocknetem Zustand –, wozu Kartoffeln und eine Mehlsoße (Mehlstipp) gereicht wurden.

Der Wandel der Jahreszeiten und die damit verbundene Ernte der verschiedenen Gemüsesorten brachten einige wenige Abwechselungen im Ernährungsplan. Die „großen“ Bohnen als erstes Frühlingsgemüse wurden häufig mit einem Stück Räucherspeck und manchmal bereits mit den ersten neuen Kartoffeln des Jahres verzehrt. Im Sommer konnten die weichschaligen Buschbohnen zubereitet werden, die man gern mit den ersten Matjesherigen aß. In getrocknetem oder eingesäuertem Zustand wurden die Bohnen für die Winterzeit aufbewahrt. In den Herbstmonaten bevorzugte man verschiedene Kohlsorten, die eine große Rolle in der ostfriesischen Küche spielten. Sie kamen nicht nur frisch auf den Tisch, sondern häufig als Kohlgerichte in schwacher Säuerung mit einem Stück Bauchspeck. Grünkohl mit Speck war das typische Gericht des Winters. Der Frost musste mindestens einmal „darüber gegangen“ sein, um den an sich scharfen Geschmack des Kohls zu mindern. Durch Zusatz von Gerstengrütze ließ sich das Essen weiter verbessern. Dazu nahm man in den Geestgebieten auch häufig eine leichte Hafergrütze.

Weit verbreitet ist der Irrtum, dass die Ostfriesen als Küstenbewohner früher Labskaus und Gurke als eine Art Nationalgericht angesehen haben und dass es in der ganzen Region regelmäßig aufgetischt wurde. Dieses Essen war vielmehr weitgehend unbekannt und nur in bestimmten Schifffahrtskreisen Bestandteil der Speisekarte. Fisch kam früher in Ostfriesland selten auf den Tisch, sieht man von den Sielorten direkt an der Küste ab. Die Ostfriesen haben die Meerestiere nicht als volle Kost angesehen, weil nach einem Fischessen das Sättigungsgefühl bei den körperlich hart arbeitenden Menschen auf dem Lande nicht so lange vorhielt.

KANALBAU

Am Ortsausgang von Georgsheil in Richtung Nordseeküste überquert die Straße den Abelitz-Moordorf-Kanal. Diese Stelle ist gut geeignet, um sich Entstehung und Geschichte dieses Wasserweges vor Augen zu führen.

Bevor der Wasserlauf zu einem Kanal ausgebaut wurde, handelte es sich um einen kleinen Fluss mit dem Namen Ehe, der in manchen Dokumenten auch als Ee bezeichnet wurde. Der Kanal fließt von Georgsheil in südwestliche Richtung, um sich schließlich in der Marschgegend bei Abelitz mit anderen Wasserläufen zu vereinigen. Als Flüsschen Ehe endete das natürliche Gewässer in alter Zeit bei dem Bauernhof Hogelücht in der dortigen Gegend.

Die Ehe ist ein Resultat der letzten Eiszeit. Wie die meisten Binnengewässer Ostfrieslands hatten solche Wasserläufe bereits frühzeitig eine große Bedeutung für die Schifffahrt und den Transport von Waren. In der Nähe des Hofes Hogelücht fand man eines Tages beim Umgraben der Erde sogar einen alten Schiffsrumpf, der auf die Bedeutung des Wasserlaufes hinweist. Nach den Eindeichungen des dortigen Marschgebietes brachten Dorfschiffer die Landprodukte in die Städte, vor allem nach Emden. Sie nahmen auf dem Rückweg die in Emden gekauften Waren mit. Die Schiffe transportierten hauptsächlich Baumaterialien, das zur Errichtung von Häusern benötigte Holz wurde aber auch geflößt. Wagenfrachten waren wesentlich teurer als Schiffsfrachten und zudem konnten Fuhrwerke vor dem Bau der Landstraßen die Wege in den Herbst- und Wintermonaten nicht immer benutzen.

So ist es zu erklären, dass es bereits im 17. Jahrhundert einen Plan gab, die Ehe zu einem Kanal für die Schifffahrt auszubauen. Initiator war um 1670 der Freiherr von Inn- und Knyphausen. Er besaß ausgedehnte Moorflächen in dem Gebiet des dortigen Brookmerlandes. Aber auch Einwohner der alten Kirchspiele besaßen in der Gegend Moore, die sie zum Graben des Brenntorfes für den eigenen Bedarf verwendeten. Der Torf musste mit Pferd und Wagen abgefahren werden. Das war vor allem wegen der mangelhaften Wegeverhältnisse ein mühseliges und zeitaufwendiges Verfahren.

Torf wurde damals auch nach Emden und in die Krummhörn verkauft. Freiherr von Inn- und Knyphausen wollte sich an dem Torfgeschäft beteiligen und stellte Überlegungen an, wie ein Kanal angelegt werden könne, um den Brennstoff von seinen Südbrookmerlander Moorflächen zum nächsten größeren Wasserlauf zu transportieren. Dazu beauftragte er einen Ingenieur mit den Projektplanungen, mit dem Ziel, in den Mooren des Südbrookmerlandes ein Fehngebiet entstehen zu lassen. Es blieb aber lediglich bei Planungen. Wahrscheinlich waren dafür technische, finanzielle und vielleicht auch politische Schwierigkeiten verantwortlich.

Vor allem durch die Besiedlung der Moore aufgrund des Urbarmachungsedikts von König Friedrich II. kamen nach 1765 verschiedene Pläne auf, die dortigen Gegenden mithilfe eines Kanals zu entwässern. Gleichzeitig wollte man die Transportmöglichkeiten auf einem solchen Wasserweg nutzen, wie es in den Fehngebieten Ostfrieslands schon erfolgreich geschah. Auch diese Planungen wurden nie umgesetzt.

Um 1850 vollzogen sich im Brookmerland weitreichende Veränderungen in der bäuerlichen Wirtschaftsweise. Die Landflächen wurden intensiver genutzt und die Bauern übernahmen Ländereien in eine dauernde Bewirtschaftung. Durch die langen und schlechten Wege war die Zufuhr von Dünger und Schlick aus der Marsch fast unmöglich. Nur wenn es gelang, dieses Problem zu lösen, konnten die Erträge der Geesthöfe weiter gesteigert werden. Zwar gab es seit 1850 die Chaussee von Emden über Georgsheil nach Aurich und Norden, aber die abseits dieses Weges gelegenen Orte waren weiterhin nur über die sehr schlechten Feldwege zu erreichen. Diese bestanden im Sommer aus tiefem Sand und im Winter und bei Regen aus Schlamm und Wasserlöchern. Auf den Tiefen und Kanälen, die in das Brookmerland führten, konnten nur kleine Schiffe verkehren. Ein wichtiger Wasserweg war für die dortige Landwirtschaft die Ehe, die auch zur Entwässerung diente. Daher richteten mehrere Gemeinden 1869 ein Gesuch an die Behörden. Sie wollten ihre Entwässerungs- und Verkehrsverhältnisse grundlegend verbessern und regten an, die Ehe zu einem ordentlichen Schifffahrtskanal auszubauen.

Ausschlaggebend für die Verwirklichung des Kanalbaus war schließlich eine Denkschrift des Geheimen Regierungsrates Roloff, der als Leiter für die ostfriesischen Moorregulierungen fungierte. Er beschrieb in dem Schriftstück die Zustände in den Moorkolonien und zeigte Wege zur Verbesserung der dort herrschenden Verhältnisse auf. Interessant sind die Hintergründe, die zur Abfassung dieser Denkschrift führten. 1866 kam Ostfriesland zu Preußen. Im darauffolgenden Jahr trat aufgrund einer Missernte in den Moorkolonien ein Notstand in solch großem Umfang auf, dass nur durch hohe Subventionen aus den Staatsfonds die Bevölkerung vor dem wirtschaftlichen Untergang gerettet werden konnte. Ein großer Teil der Kolonate war nämlich nicht imstande, den Lebensunterhalt für die Bewirtschafter und deren Familien sicherzustellen. Die Landbesitzer konnten ihren Abgabenverpflichtungen gegenüber den Kommunen und dem Staat nicht mehr nachkommen, weil u. a. die für die Landstellen so wichtigen Transportwege und Entwässerungsanlagen seit jeher sich selbst überlassen waren. Das Bestreben der Verwaltungsbehörden war immer nur dadurch gekennzeichnet gewesen, mit zahlreichen Kolonien recht hohe Abgaben zu erzielen, die aber in keinem Verhältnis zum Boden und zu seiner Ertragsfähigkeit standen.

Bis etwa 1845 konnten die Moorbauern ihren Hauptlebensunterhalt durch den Buchweizenanbau auf den großen Hochmoorflächen erwirtschaften. Dort waren sogar teilweise Getreideanbau und das Weiden großer Viehherden möglich. Infolge der

Arbeitergruppe beim Ausheben eines Kanals um 1900.

Abnahme des Hochmoores und wegen der Bevölkerungszunahme war dies in späteren Jahren jedoch nicht mehr möglich.

Die Moorverwaltung ordnete Beschränkungen der bis dahin rücksichtslosen Nutzung der Moorflächen an. Die Bewohner der Moorsiedlungen wurden ohne Vorbereitung und vermittelnden Übergang damit konfrontiert und man bot ihnen keine wirtschaftlichen Alternativen an. Daher waren sie gezwungen, ihre Viehbestände erheblich zu verkleinern. Das bedeutete wiederum: weniger Lebensmittel für die Bewohner, weniger Dünger für die Ackerflächen, weniger Erträge der Äcker und weniger Futter für das noch vorhandene Vieh.

Die betroffenen Moorsiedler beklagten sich über die Verschlechterung ihrer Situation und das Finanzministerium kam zu dem Schluss, dass energisch mit allen Mitteln vorgegangen werden müsse, um die unter den Kolonisten herrschenden ungünstigen Verhältnisse zu verbessern. Die deswegen eingerichtete ostfriesische Moorkommission schlug die ausgedehnte Kanalisierung weiter Landflächen vor. Als Nebeneffekt erwartete sie die Entwässerung der von den Kanälen durchschnittenen Gebiete, die Ausweitung des Verkehrs, eine Erschließung weiterer Moorflächen und die Kultivierung neuer Landstriche. Verschiedene Projekte wurden nun angedacht und besprochen. Man entschied sich schließlich für den Bau eines Schifffahrtskanals von der Abelitz bei Siegelsum bis zum Victorburer-Tannenhausener Moor, um für möglichst viele Moorbewohner eine Verbesserung ihrer Lage zu erwirken. Die Experten rechneten für dieses Projekt mit Gesamtkosten von 42.500 Reichstalern.

Es folgten Verhandlungen mit den anliegenden Gemeinden über die Bereitstellung der Grundflächen für den Kanalbau. Dazu fanden in den einzelnen Orten Gemeindeversammlungen statt, auf denen das Projekt erörtert und um die unentgeltliche Land-

Ein Fehnschiff vor einer Schleuse.

abgabe gebeten wurde. Betroffene Kommunen waren Moordorf, Engerhafe, Victorbur, Uthwerdum, Upende, Oldeborg und Fehnhusen, die alle im August des Jahres 1872 ihre Sitzungen abhielten. Die meisten Landanlieger waren dafür, den erforderlichen Grund und Boden umsonst zur Verfügung zu stellen. Den Landbesitzern, die ihre Ländereien nicht abgeben wollten, sollten im Wege der Güte oder der gesetzlichen Enteignung die Flächen abgekauft werden. Die Gemeinden baten bei den Verhandlungen, zum Bau des neuen Kanals möglichst das alte Flussbett der Ehe zu benutzen. Diese Bitte konnte nur teilweise erfüllt werden: Die Ehe schlängelte sich in vielen Windungen durch das Terrain und wies an einigen Stellen große und enge Flussschleifen auf. Daher musste man den Flusslauf an einigen Stellen begradigen. Das Gelände dazu konnte erfreulicherweise ohne Schwierigkeiten von den meisten Landbesitzern erworben werden. Im Februar 1873 bewilligte das Berliner Finanzdirektorium den Ausbau der Ehe zum Abelitz-Moordorf-Kanal, wies aber darauf hin, dass mit 42.500 Reichstalern auszukommen sei. In einem amtlichen Schreiben hieß es, dass die Behörden die „Aushebung eines Schiffahrts-Canals von der Abelitz bei Amerland in Richtung auf die Engerhafer-Victorburer Ehe und dieser nachfolgend bis Ost-Victorbur, sodann durch die Engerhafer-Victorburer Privatmoräste genehmigt und angeordnet“ hatten.

Natürlich lagen dem Projekt grundsätzliche Vorbedingungen zugrunde. Grundvoraussetzung für alle Überlegungen war, dass der Kanal mit seinen Schleusen, Brücken und anderen Baulichkeiten so angelegt werden sollte, dass die Schiffe (Torfmuttjes), die in anderen Gebieten auf den Fehnkanälen verkehrten, ohne Probleme auf dem neuen Wasserweg fahren konnten. Diese Fahrzeuge hatten gewöhnlich eine Länge von fast 15 Metern, eine Breite von bis zu 4 Metern und einen Tiefgang von ca. 1,10 Metern in beladenem und 0,60 Metern in unbeladenem Zustand.

Beim Bau des Kanals traten Schwierigkeiten auf. So wurde durch Hochwasser an einigen Stellen Sand in die Sohle gespült, der entfernt werden musste. Beim Ausheben der Baugruben entstanden hohe Lohnkosten wegen Erdquellen, die überall in den Trassenabschnitten vorhanden waren. Mindestens drei Meter von den Böschungen entfernt musste der Aushub gelagert werden, damit die Treidelpfade frei blieben.

Einzelne Arbeiten konnten nicht termingerecht erledigt werden, u. a. weil im August 1874 ein großer Teil der Arbeiter von Einpolderungsarbeiten bei Emden angezogen wurde. Weil dort höhere Löhne bezahlt wurden, verließen sie die Baustelle am Abelitz-Moordorf-Kanal. Andere wurden durch die relativ hohen Löhne angelockt, die Hofbesitzer der dortigen Gegend während der Erntezeit zahlten.

Es ist nicht zu ermitteln, wie hoch der Lohn der Männer war, die die Erdarbeiten des Kanalbaus für verschiedene Unternehmen ausführten. In allen Fällen wurden die Handschachtarbeiten als Akkordarbeiten abgerechnet. Aus alten Unterlagen ist zu ersehen, dass der Verdingungspreis für einen Kubikmeter drei Silbergroschen betrug. Wie viel der einzelne Arbeiter davon bekam, lässt sich nicht feststellen. Vermutlich erhielt er nur wenig von diesem Betrag. Wir gehen davon aus, dass die Lohnempfänger wahrscheinlich bei vier Kubikmeter am Tag höchstens 60 Pfennige Lohn bekamen. So ist es nicht verwunderlich, dass die Männer ihre Arbeitsstellen verließen, wenn sie in Emden bei den Einpolderungsarbeiten oder bei Erntearbeiten auf den Höfen höhere Löhne erzielen konnten. Bei der Ernte wurde im Akkord gearbeitet. Der Lohn für das Sichten eines halben Hektars Land lag, je nach Art des Getreides, zwischen drei und vier Mark.

Insgesamt wurden während der Bauarbeiten in dem Abschnitt von der Abelitz bis zur Chausseebrücke bei Georgsheil fast 75.500 Kubikmeter und von dieser Brücke bis zum Hochmoor bei Tannenhausen nahezu 133.600 Kubikmeter Erde bewegt. Dazu kommt noch das Ausheben von 5.777 laufenden Metern Ringschloote (Entwässerungsgräben). Der Bau dieser Gräben war nötig, weil die bisherigen Entwässerungsanlagen der Grundstücke von dem neuen Kanal durchschnitten wurden. Von den angelegten Gräben musste deshalb das Wasser aufgenommen und abgeleitet werden.

Nach der endgültigen Fertigstellung betrug die Gesamtlänge des Kanals rund 18 Kilometer. Auf der Strecke befanden sich drei Schleusen. Es wurden elf Brücken angelegt, davon eine Eisenbahnbrücke, eine Straßenbrücke, vier massive Wegebrücken, eine Holzbrücke, zwei hölzerne Drehbrücken, ein Drehsteg und eine Schleusenbrücke. An zwei Kanalschleusen ließen die Behörden für die Schleusenwärter ein Haus bauen. Es waren sogenannte Treidelwege vorhanden, um die Schifffahrt zu erleichtern. Auf der Strecke von der Abelitz bis zur Straßenbrücke bei Georgsheil verzichtete man aber darauf, weil hier die Fahrt bei widrigen Winden erschwert wurde. Das Ufer war bei hohem Wasserstand oft überflutet und das Treideln dann unmöglich. Außerdem reichten die Höhen der Brücken dazu nicht aus; die Pferde wurden stets außen um die Brücken herumgeführt.

Die Bauherren legten von der Brücke bei Georgsheil bis zur sogenannten Schleuse 2 auf der Südseite des Wasserweges einen Treidelweg von drei Meter Breite an, der durch einen Ringschloot vom anliegenden Gelände abgegrenzt war. Von Schleuse 2 an bis zur Brücke im Hochmoorweg an der Gemeindegrenze Victorbur/Moordorf befand sich auf der Südseite des Wasserlaufs ein Fahrweg. Daran schlossen sich auf beiden Seiten Treidelwege von drei bis vier Meter Breite an, die sich innerhalb der Kommunen Moordorf und Georgsheil bis zur Endstation des Kanals bei Tannenhausen erstreckten.

Im Oktober 1875 wurden zusätzliche Arbeiten an dem Kanal von der Finanzdirektion in Hannover genehmigt. Den Wasserweg erweiterte man bei den anzulegenden Lösch- und Lagerplätzen derart, dass dort Schiffe eine Wendemöglichkeit hatten. Hintergrund dieser Maßnahmen war ein Gesuch zweier Schiffer aus Ost-Victorbur, die bei der Wasserbauinspektion um die Einrichtung von entsprechenden Stellen im Kanal gebeten hatten. Die beiden Männer hatten sich ein größeres Schiff gekauft, mit dem sie nirgends wenden konnten, sodass sie ihr Wasserfahrzeug rückwärts treideln mussten. Das war nur äußerst beschwerlich zu bewerkstelligen. Im Kanal wurden insgesamt sieben Lagerplätze mit Wendestellen angelegt, die sich über die Gesamtstrecke des Wasserweges verteilten.

Wärter wurden zur Bedienung der Schleusen und der Drehbrücken eingestellt. Unmittelbar neben den Schleusen baute man für diese Männer Dienstwohnungen. In Arbeitsverträgen hielt die Verwaltung ihre Rechte und Pflichten fest. Die Wärter wurden mit der Bedienung der Schleusen und der Ausführung von Unterhaltungsarbeiten an der Kanalstrecke betraut. Ihnen oblag die Wartung der Schleuse, die sie entweder selbst zu verrichten hatten oder auf eigene Kosten von Fachleuten durchführen lassen mussten. Auf keinen Fall durften die Schiffer die Bedienung der Schleuse selbst vornehmen. Überhaupt sollte alles getan werden, um eine Beschädigung der Anlage zu vermeiden. Daher waren Steine und harte Gegenstände, die in die Schleusenkammer gerieten, sofort herauszuholen. Vorgeschrieben war auch, dass der Wasserstand eine bestimmte Höhe nicht deutlich unter- oder überschreiten durfte.

Die Schleusentore sollten oberhalb des Wassers immer sauber gehalten und nötigenfalls geteert werden. Zu jeder Zeit musste die Drehbrücke betriebsfertig sein. Die Wärter hatten das Schleusengeld einzukassieren und darüber Buch zu führen. Der Kanal war laufend zu beaufsichtigen, damit Beschädigungen der Uferböschungen durch Vieh sofort abgestellt werden konnten.

Die Schleusenwärter bekamen um 1878 einen Tageslohn von 1,80 Mark und eine mietfreie Dienstwohnung. Später wurde der Tageslohn in zwei Schritten bis auf 2,75 Mark angehoben, weil höhere Löhne aufgrund gestiegener Lebensmittelpreise notwendig waren. Man befürchtete auch den Fortzug der Arbeiter zu den Hafenbauten in Emden, an deren Fertigstellung zu dieser Zeit intensiv gearbeitet wurde.

Für die Benutzung des Kanals wurde keine Gebühr erhoben, Schleusengeld aber mussten die Schiffer zahlen. Es betrug für ein Schiff von 14,60 Meter Länge und mehr 0,40 Mark und für kleinere Schiffe 0,30 Mark. Vom August 1889 an hatte man auch für die Inanspruchnahme der staatlichen Lagerplätze ein Lagergeld zu entrichten.

Durch niedrige Wasserstände wurde die Schifffahrt häufig behindert. Der Verkehr war in den einzelnen Jahren unterschiedlich stark. Er ging später immer mehr zurück, weil vor allem nach der Jahrhundertwende die Straßen kontinuierlich verbessert und daher immer mehr genutzt wurden. Die Nutzung des Kanals lässt sich an der Anzahl der Schiffe ablesen, die die Schleusen passierten. Im Jahr 1878 waren es genau 1.097 Schiffe in Schleuse 1. Die Zahlen sanken bis 1881 stetig auf 519 Schiffe, um dann bis 1884 wieder auf 854 Fahrzeuge anzusteigen. 1885 waren es nur 532 Schiffe. Die Zahl stieg bis 1887 auf 933, fiel aber im darauffolgenden Jahr auf 640.

Zwischen 1897 und 1906 betrugen die Kosten für die laufende Kanalunterhaltung jährlich 2.400 Mark. Zusätzliche Kosten entstanden durch Umbauten und Erneuerungsarbeiten an Brücken und Schleusentoren sowie aufgrund weiterer Instandsetzungsarbeiten. Die laufenden Unterhaltungsarbeiten wurden während des Ersten Weltkrieges wegen Personalmangels stark verringert. Dem Staat fehlte es auch nach dem Krieg an Mitteln, um die Mängel zu beseitigen. Der Kanal wurde zudem nicht ausreichend gereinigt, sodass Verschlammungen des Kanalbettes, Uferabbrüche und dergleichen auftraten. Die Schiffe konnten daher häufig nur mit halber Fracht fahren.

Die Brücke über dem Fahrweg von Georgsheil nach Norden wurde 1934 unter Benutzung von Teilen der vorhandenen Anlage erneuert. Der stetig wachsende Fahrzeugverkehr machte diese Maßnahme notwendig. Von 1932 bis 1938 nahm dagegen die Schifffahrt immer mehr ab. In diesen Jahren reduzierten sich die Durchfahrten bei Schleuse 1 stark und kamen schließlich ganz zum Erliegen. Bis zur Schleuse 1 fuhren nur noch wenige Schiffe; sie löschten ihre Güter unterhalb der Anlage. Hauptsächlich wurden Ziegelsteine und Stallmist aus der Krummhörn sowie Torf nach Emden und in die Dörfer der dortigen Marschgegend befördert.

Planungen sahen 1939 vor, die Drehbrücken über den Schleusen 1 und 2 zu ersetzen. Die Arbeiten konnten nur noch an der Schleuse 1 abgeschlossen werden, weil der Kriegsausbruch den Abschluss der Tätigkeiten verhinderte. 1939 war auch vorgesehen, den Abelitz-Moordorf-Kanal gründlich zu reinigen. Die damit beauftragte Firma konnte aber lediglich den Kanalabschnitt von der Abelitz bis zur Georgsheiler Straßenbrücke bearbeiten. Der Krieg machte weitere Tätigkeiten dann unmöglich.

Der Zustand des Wasserlaufs war nach dem Zweiten Weltkrieg noch schlechter als nach dem Ersten Weltkrieg. Auch die meisten Brücken waren in einem mangelhaften Zustand. Geldmittel für die notwendigen Reparaturen waren zunächst nicht vorhanden. Erst Anfang der 1950er-Jahre wurde es möglich, den ganzen Kanal wieder in einen ordnungsgemäßen Zustand zu versetzen. Im Jahr 1960 wurden Teile der Strecke durch Baggerarbeiten wieder auf Normalprofil gebracht, um günstige Voraussetzungen für die Schifffahrt zu schaffen. Der Schiffsverkehr lebte jedoch nicht wieder auf, sondern wurde immer mehr vom Kraftfahrzeugverkehr verdrängt. Daher gab es nach dem letzten Krieg auf dem Abelitz-Moordorf-Kanal keine Schifffahrt mehr; er wurde lediglich noch von Sportbooten genutzt. Seit 1951 ist das Wasserwirtschaftsamt Aurich die verwaltende, unterhaltende und bauaufsichtsführende Behörde dieses Kanals.

KINDERLEBEN ZUR KAISERZEIT

Wie lebten ostfriesische Kinder in der Kaiserzeit? Eine Beschäftigung mit der Kommune Theene des Jahres 1917 gibt uns Antworten auf die Frage, wie das Alltagsleben der Kinder in ihren Familien, in der Schule und innerhalb des dörflichen Umfeldes aussah.

Theene ist ein lang gestrecktes Reihendorf und war noch in der Kaiserzeit gleichzeitig ein Randdorf des ostfriesischen Hochmoores. Die Gemeinde ist Teil des Kirchspiels Victorbur im Altkreis Aurich. Zur Kommune gehören neben dem Ort Theene der Dorfteil Alt-Ekels sowie Neu-Ekels und Hinter-Theene, die Moorkolonien gewesen und im Rahmen der preußischen Urbarmachung entstanden sind. In dem Reihendorf Theene haben die Bauernstellen ihre Landaufstreckungen hinter dem Hofgebäude. Sie reichen bis zum Hochmoor oder an die Gemarkungsgrenze einer anderen Siedlung.

Aus alten Quellen ist zu entnehmen, dass die Bevölkerung dort in der zweiten Hälfte des 19. Jahrhunderts stark angestiegen ist. Die einklassige Schule in Theene war um 1884 mit etwa 150 Kindern vollkommen überfüllt, sodass 1891 im Nachbarort Neu-Ekels eine einklassige Schule errichtet wurde. 1902 kam es zum Neubau eines zweiklassigen Gebäudes, das 1914 eine Erweiterung erfuhr.

Um 1917 war für die dörfliche Entwicklung in der Gemeinde die Landwirtschaft maßgebend. Von zehn Landstellen waren etwa acht kleinbäuerliche Betriebe mit bis zu fünf Hektar Landfläche, eine mittlere Stelle hatte unter 20 und ein großes Bauerngut mehr als 20 Hektar Fläche. Die Kleinbauern gingen in der Regel einer Nebentätigkeit als Land- oder Bauarbeiter nach. Daneben gab es einige wenige Gewerbetreibende, Handwerker und Angestellte sowie zwei Dorflehrer.

In den Quellen ist zum Beispiel von Harm die Rede, dem Sohn eines Arbeiters aus Hinter-Theene. Seine Geschwister und er mussten durch verschiedene Tätigkeiten etwas zum Lebensunterhalt der recht großen Familie beitragen. Diese Hilfsdienste umfassten verschiedene Arbeiten auf der eigenen Landstelle, aber auch schon Lohnarbeit auf größeren Bauernstellen der Umgegend. Manchmal ging Harm mit seinem Vater zum Dreschen oder Sichten des Korns. Der Vater wies ihn in die unterschiedlichen Tagelöhnerarbeiten ein.

In den Herbstferien war Kartoffelroden eine Tätigkeit der Schulkinder. Der Verdienst besserte die Haushaltskasse auf, war Teil eines Familieneinkommens der Kleinbauern. Beim Bohnenpflücken arbeiteten Kinder in Gruppen, wobei sie von Erwachsenen beaufsichtigt und angeleitet wurden. Je nach Jahreszeit waren die Tätigkeiten der Kinder in Art und Umfang unterschiedlich. Bei den Kleinbauern kam es nicht selten vor, dass die Kinder die gesamte Feldarbeit zu verrichten hatten, weil der Vater sich auf größeren

Der Gewerbetreibende Habbe Uden aus Neu-Ekels mit Ehefrau Fentje und den Kindern Hange und Lübke.

Bauernstellen als Landarbeiter verdingte und die Mutter die umfangreiche Hausarbeit erledigte.

Außerhalb ihrer Schulzeit hüteten die Arbeiterkinder an den Wegrändern das Vieh, denn die zur Verfügung stehenden Landflächen waren klein und mussten optimal genutzt werden und die Äcker wurden hauptsächlich für den Anbau von Getreide und Kartoffeln benötigt. Die Tätigkeiten der Kinder aus den Kleinbauern- und Kolonistenhaushalten lassen sich grob in folgende Bereiche einteilen: Arbeiten auf den Feldern, Viehversorgung, Erntearbeiten sowie Torfgraben, Viehfutterbeschaffung und Entwässerungsarbeiten, die darin bestanden, dass Gräben ausgehoben oder vertieft und gereinigt werden mussten.

Die Mithilfe im Haushalt wurde von Harm und seinen Geschwistern nicht als besonders belastend empfunden, weil sie weniger anstrengend war. Bei dem Verkauf von landwirtschaftlichen Produkten halfen die Kinder mit, indem sie die Waren selbstständig in der Stadt zum Verkauf anboten. Harm ging regelmäßig mit dem Butterkorb in die Stadt oder mit selbstgefertigten Tauen aus Strohbändern in benachbarte Bauerndörfer.

In den Arbeitsbereichen lassen sich geschlechtsspezifische Unterschiede nur teilweise feststellen. Jungen verrichteten durchaus auch hausfrauliche Tätigkeiten, schälten etwa Kartoffeln oder brachten das Ofenfeuer in Gang. Grundsätzlich waren aber Strümpfe stopfen, abwaschen, fegen und die Beaufsichtigung kleinerer Kinder eher

Mädchenarbeiten, während die Jungen mehr für das Dreschen, Pflügen und Torfgraben zuständig waren.

Die Eltern von Gebke hatten ein kleines Kolonialwarengeschäft. Die Familie bezog ihr Einkommen also hauptsächlich über ein Gewerbe, obwohl sie nebenbei auch eine Viehwirtschaft betrieb, wie es um 1917 für Gewerbetreibende auf dem Lande üblich war. Die materielle Situation war in der Regel besser als in den Arbeiterfamilien, was sich bei Gebke auch an der besseren Qualität ihrer Kleidung zeigte. Aber auch daheim mussten die Kinder mithelfen, weil die Familie sich keine Haushaltshilfe leisten konnte: Die Mutter wurde durch die Tätigkeit in dem Laden sehr beansprucht.

Die Geschwister mussten sich gegenseitig betreuen. Die älteste Schwester hatte praktisch die Funktion einer Erzieherin für ihre jüngeren Geschwister. Gebke und ihre Schwestern flochten sich morgens gegenseitig die Haare, indem sie sich alle hintereinander aufstellten und dadurch zeitsparend das Haaremachen erledigten. Wegen der Landstellenbewirtschaftung in den Familien der Gewerbetreibenden fielen für die Kinder ähnliche Arbeiten an wie bei dem Nachwuchs der Kleinbauern. So musste Enno, der Sohn eines Müllers, dem Vater nicht selten während der Schulzeit zur Hand gehen und konnte deshalb nicht am Unterricht teilnehmen. Es kam aber so gut wie gar nicht vor, dass Kinder aus den Familien der Gewerbetreibenden sich bei fremden Bauern verdingen mussten. Die Mithilfe im Haus oder im Garten wurde zum Teil sogar durch ein kleines Taschengeld entlohnt. Die Arbeiten der jüngeren Kinder waren eher freiwillig. Die Älteren wurden dagegen konsequent zur Mithilfe aufgefordert, um die Erwachsenen zu entlasten und ein ordentliches Familieneinkommen zu erwirtschaften. Lina und Tjark, Kinder eines Landwirts mit mittelgroßer Landwirtschaft, mussten bereits mit 12 Jahren bei allen anfallenden Tätigkeiten mithelfen.

In der dörflichen Oberschicht der Bauern waren die größeren Höfe Arbeitgeber für Landarbeiter und Tagelöhner, während die kleineren Landwirtschaften mehr familiär betrieben wurden. Die Mitarbeit des älteren Nachwuchses war auf diesen Höfen üblich und verstärkte sich in den Jahren des Ersten Weltkrieges. In dieser Zeit wurden auch die Kinder von Großbauern immer mehr zur Mitarbeit herangezogen. Willm, der Sohn eines Landwirts mit großem Wirtschaftsbetrieb, war mit seinen 13 Jahren schon aus der Schule entlassen worden, um auf dem Hof mitarbeiten zu können, während der ältere Bruder und Hoferbe beim Militär seinen Dienst verrichtete.

Die unterschiedliche Herkunft der Kinder wurde schon an der Bekleidung deutlich. Auf der Kleidung der Arbeiter- und Kolonistenkinder befanden sich Flicken, während die Bauernkinder bessere, meistens aus guten Stoffen geschneiderte Kleider trugen. In der Schule traten die Unterschiede besonders hervor, wenn Kinder aus sozial schwachen Familien bei Spielen auf dem Pausenhof ausgeschlossen wurden. Die Schulmeister bemühten sich oft redlich, den Nachwuchs der ärmeren Dorfbewohner in die Klassengemeinschaft zu integrieren. Die Sitzordnung in den Klassen war so geregelt, dass die leistungsstärkeren Kinder im Klassenraum hinten saßen, während die schwachen Schüler vorne ihren Platz hatten.

Die meisten Arbeiter- und Kolonistenkinder gingen nach ihrer Schulzeit in den Dienst eines Bauern. Meistens begann diese Zeit im Alter von 13 oder 14 Jahren, bei einigen auch schon früher, wie bei Renske, die als elfjähriges Mädchen ihr Arbeitsleben als „kleine Magd" bei einem Landwirt in Riepe begann.

Für Harms Bruder Johann war diese Zeit erst mit 14 Jahren gekommen. Er lebte nun auf einem großen Hof in der Nähe von Emden und hatte Heimweh. Die Wochenenden konnte er in der Regel bei seinen Eltern verbringen; sonntags lief er dann zu seinem Arbeitsplatz. Wenn das Heimweh zu stark war und sich eine Möglichkeit fand, suchte er eine hohe Brücke in der Emder Gegend auf, weil er hoffte, von dort den Rauch des elterlichen Schornsteins sehen zu können. Seine Mutter hatte ihm empfohlen, bei starken Heimwehgefühlen ein Lied zu singen, um sich damit abzulenken.

Der Nachwuchs aus der Mittelschicht konnte nicht selten auch als Arbeitskraft im elterlichen Betrieb mitarbeiten, was von den Kindern als angenehm empfunden wurde. Die Mädchen unterstützten dann die Mutter bei der Hausarbeit und der Erziehung der Kinder, während die Jungen im Gewerbebetrieb des Vaters mithalfen oder Arbeiten auf der eigenen Landstelle übernahmen. Mädchen der Mittelschicht gingen nicht selten als Hausangestellte in die Stadt. Dort lernten sie eher bürgerliche Haushalte kennen, in denen vielfach bessere Arbeitsbedingungen herrschten. Aber auch viele Jungen nutzten die Gelegenheit, wenn sich ihnen beispielsweise eine Tätigkeit als Bauarbeiter oder Bauhelfer bot. Der Lohn war hier oft höher als in der Landwirtschaft. Auf den größeren Bauernstellen blieben die ältesten Söhne in der Regel auf dem Hof, um sich auf die vielfältigen Arbeiten eines Hoferben und Arbeitgebers für Knechte, Mägde und Landarbeiter vorzubereiten. Jüngere Söhne begannen meistens eine Lehre in einem gewerblichen Beruf, während die Töchter Hauswirtschaftsschulen besuchten, um sich gezielt mit den Arbeiten als Wirtschafterin und Hausfrau vertraut zu machen.

Die Wohnverhältnisse in jener Zeit waren sehr unterschiedlich. Die Arbeiter- und Kolonistenhäuser waren klein und für ihren Bau wurden einfache und billige Materialien verwendet. Sie bestanden oft nur aus ein oder zwei Räumen im Wohnteil und aus einem sich direkt anschließenden kleinen Stall. Wohnung und Stall waren durch eine Wand voneinander getrennt, die aus Lehm oder Holzbrettern gefertigt wurde. Die Wohnküche enthielt meistens zwei Butzen, von denen die größere den Eltern und die kleinere den Kindern als Schlafstätte diente. Die Bettstelle war ein Lager mit einem Strohsack; die Schlafstelle war auf Brettern so hoch angelegt, dass unter diesem Bett im Winter noch die Kartoffeln gelagert werden konnten. Es kam vor, dass sich Ratten oder Mäuse durch die Lehmwand fraßen und dass die Bewohner Mäuse in den Butzen vorfanden.

Die meisten Arbeiter- und Kolonistenkinder wuchsen in Häusern mit zwei Räumen auf. Der zentrale Raum war die Wohnküche, in dem sich das Leben der Familie abspielte, die andere Kammer diente als Schlafraum. Im Vergleich dazu hatten die Wohnungen der Theener Bauern oft vier Räume, die Gewerbetreibenden der Kommune und die Lehrer lebten meistens in Wohnungen mit drei Zimmern. In den

Erster Weltkrieg: ein Foto für den Ehemann und Vater an der Front.

beengten Wohnungen der Arbeiter und Kleinbauern spielten sich alle Aktivitäten einer Familie ab. Die Wohnküche war ein Zimmer zum Arbeiten, zum Feiern, zur Körperpflege und bildete den Platz für die gesamte familiäre Kommunikation. In diesem Raum kamen Babys zur Welt und wurden tote Familienmitglieder bis zur Beerdigung aufgebahrt.

Da sich das Familienleben in der Wohnküche abspielte, musste auch lediglich dieser Raum geheizt werden. Deswegen befand sich in diesem Zimmer auch die offene Feuerstelle, die andere Kammer wurde nur zu besonderen Anlässen geheizt. Erst Mitte der 1920er-Jahre setzten sich die Stangenöfen in Ostfriesland durch. Kachelöfen fanden sich nach dem Ersten Weltkrieg immer mehr in den Häusern der größeren Landwirtschaften, die mit dem Einbau kundige Ofensetzer beauftragten. Um abends Licht zu haben, war man auf die Helligkeit, die durch die Feuerstelle entstand, aber auch auf Petroleum, Carbid oder Kerzen angewiesen.

Die Kinder in den Arbeiter- und Kleinbauernfamilien schliefen meistens zu zweit oder zu dritt in Butzen, aber auch schon in frei stehenden Betten, wenn Platz dafür vorhanden war. In den großen Bauernhäusern wurde es üblich, dass nur noch das Gesinde in Butzen schlief, während die Hauseltern bereits einen eigenen Schlafraum hatten.

Von Harm wissen wir, dass er in der Küchenbutze schlafen musste, die zwar wegen der Feuerstelle wärmer, aber auch rauchiger und durch die Nähe zum Wohnraum unruhiger war. Wenn abends Besuch anwesend war, konnte er die Gespräche der Erwachsenen mithören. In der Regel gingen aber Eltern und Kinder zur selben Zeit zu Bett, weil die anstrengende körperliche Arbeit ihren Tribut zollte und weil das spärliche Licht andere abendliche Aktivitäten nicht zuließ.

Alle Kinder mussten sich einen Schlafplatz teilen. Die Bettgemeinschaften wurden von den Eltern nach Geschlecht oder dem Alter der Geschwister eingeteilt. Nantke, die Tochter eines Bauarbeiters, schlief mit zwei Schwestern in einem Bett, wobei Nantke und ihre ältere Schwester Brechtje längs lagen, während die jüngere Schwester Stina quer und am Fußende schlief. Der einjährige Bruder Thole schlief bei den Eltern.

Am Wochenende kamen die älteren Geschwister von Wilma, die beim Bauern in der Marsch arbeiteten, nach Hause. Dann mussten sogar fünf Kinder in einem Bett schlafen, drei lagen längs und zwei quer. Bei Klaas, dem Sohn eines Kolonisten, wurden in diesem Fall sogar notdürftige Schlafstellen geschaffen. Ein Bruder nächtigte auf einer Küchenbank, während er im Sommer sogar damit vorlieb nehmen musste, in dem vom Vieh zu dieser Zeit nicht benötigten Stall zu schlafen.

Die Schlafbedingungen verursachten zahlreiche Probleme. Ennos jüngerer Bruder Ailt beklagte sich oft darüber, dass er nachts von den Füßen der Schwestern ins Gesicht gestoßen wurde. War ein Kind krank oder unruhig, fanden auch die anderen Schläfer sehr schlecht Ruhe.

Viele Kinder wuschen sich nicht in einem getrennten Waschraum, sondern im Eingangsbereich der Häuser. Waren die Häuser etwas größer, befand sich an dieser Stelle in der Regel ein in Ostfriesland als Vörhus bezeichneter Raum. Dort standen Wassereimer und Waschschüsseln. In der Woche wusch man sich meistens nur das Gesicht und vor allem die Hände. Da es fast ausnahmslos für die Erwachsenen und die größeren Kinder keine Bademöglichkeit gab, fand an dem Platz einmal wöchentlich – in der Regel am Samstag – eine Ganzkörperwäsche statt. Auch die Unterwäsche wurde an diesem Tag gewechselt. Heute mögen diese Verhältnisse erstaunen und als hygienisch unzureichend angesehen werden, für die Kinder waren sie in der ersten Hälfte des 20. Jahrhunderts jedoch nicht ungewöhnlich und stellten die Regel und keine Ausnahme dar.

Allein das Erhitzen des zu einem Bad benötigten Wassers bereitete wegen der einfachen Feuerstellen so große Schwierigkeiten, dass bei der Ganzkörperwäsche das Wasser oft nur lauwarm war. Vor allem im Winter war die Körperreinigung für die Kinder ein ungeliebtes Ritual. Der kalte und unfreundliche Raum schreckte die Kinder ab und oft gefror das Wasser noch während der Körperreinigung. Harm versuchte daher, die Wäsche so schnell wie möglich durchzuführen, um den ungeliebten Platz wieder verlassen zu können. Seine Schulkleidung wurde in dem Badewasser eingeweicht und gewaschen, in dem zuvor die jüngeren Kinder der Familie gebadet hatten. Dazu wurde ein Zuber einmal mit Wasser gefüllt und darin badeten nacheinander die Kinder, ohne dass das Wasser gewechselt wurde.

Es war bei den ländlichen Arbeitern üblich, dass die ganze Familie das Essen zusammen einnahm. Die Familienmitglieder aßen gemeinsam aus nur einer Pfanne oder einem Topf. Die Mahlzeiten setzten sich aus den Erzeugnissen zusammen, die man selbst im Garten geerntet hatte. Weil nur wenige Feuerstellen zur Verfügung standen, wurde alles in einem Topf gekocht. Daher gab es oft Eintopfgerichte. Auf Tischmanieren wurde kein großer Wert gelegt; man verhielt sich während des Essens weitgehend still und bemühte sich, zügig satt zu werden. Oft mussten viele Münder gestopft werden. Das Tischgeschirr war begrenzt, als Besteck hatten die Kinder einen Löffel oder eine Gabel. In der Familie von Harm und Klaas wurde ein Tischgebet gesprochen.

Ihre wenigen Schularbeiten verrichteten die Kinder am Küchentisch. Dabei wurden sie von der Mutter beaufsichtigt, die eingriff, wenn die Lernenden sich zwischendurch mit anderen Dingen beschäftigten und sich von ihren Aufgaben gegenseitig ablenkten. Die Lernmittel bestanden aus einer Schiefertafel, einem Schreib- und Rechenheft, Bleistift, Griffel, Gesangbuch, Lesebuch und der Bibel. Unterrichtsinhalte waren vor allem Schreiben, Lesen, die Grundrechenarten sowie das Auswendiglernen von Gesängen, Gedichten und Bibelzitaten.

Die engen Wohnverhältnisse bewirkten, dass die Kinder im Haus keinen festen Aufenthalts- und Spielort hatten. Enno und seine Geschwister durften nur bei sehr schlechtem Wetter in der Wohnküche spielen. Anderen blieb nur der Stallbereich für Spiele, vor allem im Sommer, wenn die Tiere draußen weideten. Die Spielwelt war grundsätzlich die freie Natur. Dabei zeigten sich die Kinder sehr erfinderisch. Mit Sträuchern wurden an Grabenrändern Hütten gebaut und im Moor gab es Stellen, an denen sich die Kinder bei gutem Wetter Aufenthaltsorte schaffen konnten. Das kindliche Spiel fand in Gruppen statt, wobei sich mehrere Nachbarskinder zusammentaten, um gemeinsam die wenige Freizeit miteinander zu verbringen. Insgesamt hatte das Spielen aber keinen besonderen Stellenwert, weil die Arbeit im Vordergrund stand und nur wenig Zeit dafür blieb. Spielmöglichkeiten gab es vor allem am Sonntag und wenn die Eltern Besuch hatten. Die Eltern nahmen auf die Spielwelt ihrer Kinder kaum Einfluss; die Beschäftigung der Eltern mit den Kindern in der Freizeit war selten. Die Spielutensilien wurden weitgehend von den Kindern selbst hergestellt oder es wurden Materialien aus der Natur benutzt. Kinder aus der Mittel- und Oberschicht besaßen auch gekauftes Spielzeug, etwa eine Puppe, eine Puppenstube oder Gesellschaftsspiele. Gekauft wurde Spielzeug aber nur selten. Kinder einer Familie spielten gemeinsam mit den wenigen Besitztümern oder übernahmen das Spielzeug von älteren Geschwistern.

Insgesamt bestimmte die durch die Landwirtschaft geprägte dörfliche Lebensart das Denken und Handeln der Kinder sehr stark. Sie lebten in einer genau strukturierten Ordnung, die durch die Geburt in eine soziale Schicht des Heimatortes festgelegt war. Das Leben dieser Kinder war außerdem sehr stark ökonomisch bestimmt. Die meisten Kinder wurden als Hilfskräfte bei Arbeiten eingesetzt, um damit etwas zum Familieneinkommen beizutragen. Sicherlich konnte in den Bauernfamilien eher auf diese Mitarbeit verzichtet werden, aber das Leben der meisten Heranwachsenden aus den Arbeiter- und Tagelöhnerfamilien war in der Kaiserzeit schon früh durch den Existenzkampf der Eltern geprägt.

BOMBEN ÜBER DER STADT

Am 6. September 1944 herrschte wunderbares spätsommerliches Wetter. Noch ahnte niemand, dass der Stadt Emden der schlimmste Bombenangriff des Zweites Weltkrieges bevorstand. Gegen 17 Uhr, die meisten arbeitenden Menschen der Stadt hatten schon Feierabend, gab es Voralarm. Die feindlichen Flieger waren bereits im Anflug, bis zum Fliegeralarm vergingen nur noch wenige Minuten. Die Emder begaben sich in aller Eile zu dem Bunker, der ihren Häusern und Wohnungen am nächsten lag. Viele Bewohner des Zentrums eilten dem riesigen Bunker aus Beton und Stahl an der Holzsägerstraße zu. Sein Standort war so ausgesucht worden, dass die Menschen aus der Altstadt ihren Zufluchtsort in einem Zeitraum von zehn Minuten betreten konnten.

In diesem Bunker befanden sich 28 Räume für die Zivilbevölkerung der Hafenstadt. Es waren Räume in zwei unterschiedlichen Größen vorhanden, mit dreistöckigen Hochbetten ausgestattet und ansonsten hauptsächlich zweckmäßig eingerichtet. An den Wänden hingen Informationstafeln mit Hinweisen zum Verhalten bei einem Angriff. Daneben gab es in jedem Halbgeschoss eine kleine Küche sowie Toiletten und einen Waschraum. Auf der gegenüberliegenden Seite lag jeweils der Aufenthaltsraum für die Personen, die in dem Bunker Schutz gesucht hatten. Der Bunkerwart hatte seinen Wachraum im Kellergeschoss. Hier befanden sich auch die Krankenstation mit dem Schwesternzimmer, die Belüftungsanlage, die Heizung und das Notstromaggregat. Insgesamt war das massive Gebäude für 276 Liegeplätze und 84 Sitzplätze ausgelegt.

Die Bequemlichkeit der Schutzsuchenden war den Konstrukteuren des Gebäudes nicht unwichtig gewesen. Räumliche Enge, schlechte Luft und unzureichende sanitäre Einrichtungen sollten die kriegsgestressten Menschen nicht zusätzlich belasten. Daher waren neben den zahlreichen Schlaf- und Aufenthaltsräumen ausreichende Aus- und Eingänge mit Gasschleusen auf allen Eingangsebenen, ein breites Treppenhaus, eine Heizungsanlage, eine angenehme Innenbeleuchtung und Durchlüftungsmöglichkeiten der Räume geschaffen worden.

Im Jahr 1938 wurde in Emden die erste Befehlsstelle für den Luftschutz eingerichtet. Im Falle eines Luftangriffs auf die ostfriesische Hafenstadt sollte sie die Luftschutzmaßnahmen, die Sicherheitsvorkehrungen, die Hilfsdienste und die Tätigkeiten der Reichsluftschutzmitglieder organisieren. Das Reichsministerium für Luftfahrt hatte Emden bereits drei Jahre vorher zum Luftschutzort erster Ordnung erklärt.

Bei Kriegsbeginn im September 1939 gab es lediglich vier öffentliche Luftschutzräume in der Stadt. Als England und Frankreich in den Zweiten Weltkrieg eintraten, begannen die permanenten Einflüge von englischen Flugzeugen über Ostfriesland in

Der Luftschutzbunker in der Holzsägerstraße von Emden, heute Bunkermuseum Emden.

das Deutsche Reich. Der Kriegshafen von Wilhelmshaven wurde zu einem wichtigen Ziel der feindlichen Bomber. Am 5. November 1939 gab es den ersten Fliegeralarm in Emden. Die Behörden begannen bis Mitte November des Jahres durch verstärkte Baumaßnahmen an geeigneten Kellern 70 öffentliche Luftschutzkeller einzurichten, die aber auf Dauer nur einen unzureichenden Schutz bieten konnten.

Am 13. Juli 1940 kam es zum ersten schweren Angriff auf die Stadt. Sieben Einwohner verloren ihr Leben, 17 Personen wurden verletzt und 78 Menschen durch die Zerstörungen wohnungslos. Wegen dieses Ereignisses wurde das Aufsuchen der Luftschutzräume bei Fliegeralarm für die Bewohner der Stadt zur Pflicht. Die Stadtverwaltung sah die Notwendigkeit, die Emder vor Fliegerangriffen zu schützen. Daher forcierte man den Bau von Bunkern. Bald fanden auch die Rüstkammer, der Silberschatz, die Gemäldesammlung und das Archiv einen sicheren Platz in den neuen Bunkern. Bis jedoch der erste Luftschutzbunker in Emden fertiggestellt war, waren bei 28 Angriffen noch 33 Tote und über 70 Verletzte zu beklagen. Insgesamt wurden in Emden bis zum Ende des Zweiten Weltkrieges mehr als 180 Bauten geschaffen, die den Menschen Schutz geben sollten. Davon waren 35 eigentliche Bunker. Gebaut wurden sie vor allem unter dem Einsatz von Fremd- und Zwangsarbeitern und auch Kriegsgefangenen.

Vom 1. September 1939 bis zum 20. August 1941 gab es in Emden 429-mal Fliegeralarm. Die Behörden zählten bis Kriegsende insgesamt 90 Bombenangriffe auf die Stadt. Diese wurden in erster Linie nachts geflogen. Die Zivilbevölkerung litt sehr stark unter dieser permanenten Bedrohung. Im Jahr 1944 gehörte die Flucht in den Bunker zum Alltag der Stadtbewohner.

Emden lag zum einen in der Einflugschneise von England in das Deutsche Reich. Wurden Städte wie Hamburg, Bremen, Berlin oder Städte des Ruhrgebiets angeflo-

Das zerstörte historische Rathaus der Stadt Emden.

gen, nahmen die Bomber ihren Weg über Emden. Zum anderen wurden in der Stadt U-Boote gebaut und Eisenerz aus Narvik umgeschlagen, das im Ruhrgebiet benötigt wurde. Dazu kam ein für die Kriegswirtschaft bedeutender Hafen. Damit erklärt sich auch die immense Anzahl der Fliegeralarme. Bei jedem der über 300 Bombenangriffe auf die Hauptstadt des Deutschen Reiches war in Emden Vollalarm über viele Stunden am Tag und in der Nacht die Folge.

Als am 6. September, nach Ende des 75. Luftangriffs in diesem Krieg, Entwarnung gegeben wurde und die Menschen den Bunker an der Holzsägerstraße verlassen durften, bot sich ihnen ein furchtbares Bild der Zerstörung: 80 Prozent der Innenstadt lagen in Schutt und Asche. Das historische Rathaus war eine Ruine, ebenso die Altstadt, die sich bis dahin immer noch den Glanz und den Reichtum der Seehafenstadt aus früheren Jahrhunderten bewahrt hatte.

Man warnte die nach draußen drängenden Menschen vor den Brandbomben, die überall herumlagen – eine Warnung, die die Menschen nicht ernst genug nehmen konnten. Im Laufe des Krieges wurden fast 53.000 sogenannte Stabbrandbomben auf Emden abgeworfen. Sie wogen nur etwa ein Kilogramm, durchschlugen jedoch Hausdächer, entzündeten sich dann und hatten eine große Wirkung. Viele Emder, die es nicht schafften, sie mit Brandbombenzangen, die ähnlich wie Kohlenzangen aussahen, zu löschen oder nach draußen zu befördern, verloren durch diese Bomben ihre Häuser. Als Blindgänger wurden sie für die Kinder zu einem gefährlichen Spielzeug. Der Angriff an diesem Septembertag kostete 46 Menschen das Leben. Nach dem Krieg waren insgesamt 409 Bürger, Wehrmachtssoldaten, aber auch Zwangs- und Fremdarbeiter als Opfer der Bombenangriffe zu beklagen.

Trotz allem retteten die Emder Bunker bis zum Ende der Hitler-Diktatur sehr vielen Menschen das Leben, bedenkt man, dass die Stadt bei Ausbruch des Krieges etwa 37.000 Einwohner hatte.

IN DEN NACHKRIEGSJAHREN

Nach dem verlorenen Zweiten Weltkrieg gehörte Ostfriesland zur Britischen Besatzungszone. Der ostfriesischen Landwirtschaft fiel in den Nachkriegsjahren die Aufgabe zu, die Ernährung der Bevölkerung in der Region mit den Grundnahrungsmitteln sicherzustellen und darüber hinaus bei der Versorgung solcher Gebiete mitzuwirken, die auf Lieferungen von auswärts angewiesen waren. In vielen Bereichen der landwirtschaftlichen Produktion fehlte es an Saatgut, Dünger und Schädlingsbekämpfungsmitteln. Der Maschinenpark war oft überaltert und überhaupt nur zum Teil zu gebrauchen, die Bestände an Pferden und Vieh waren dezimiert. In den ersten Nachkriegsjahren galt der Selbstversorger als ein von der Natur und den Besitzverhältnissen begnadeter Privilegierter. Für die ostfriesische Landbevölkerung war die Verfügung über ein kleines Stück Gartenland ein unschätzbarer Wert. In der Region wucherte der Schwarzhandel, viele Städter tauschten Wertsachen gegen Nahrungsmittel ein.

Unter diesen Umständen hatte die Ernährungsverwaltung bis 1948 mit einer ständigen Mangelsituation zu kämpfen, die trotz vieler Bemühungen nicht wesentlich verbessert werden konnte. Die Versorgung mit Nahrungsmitteln stellte eine Dauerkrise dar, die mehrmals in eine Katastrophe umzuschlagen drohte.

Die Bedeutung dieses Themas wird deutlich, wenn man sich etwa die Ausgaben der „Nordwest-Nachrichten“, einem Nachrichtenblatt der alliierten Militärbehörden, aus jener Zeit anschaut. Diese hatten zum großen Teil appellartigen Charakter und bezogen sich besonders auf der dritten Seite auf die landwirtschaftlichen Probleme, die Nahrungsmittelversorgung und die Erntearbeiten. Die täglichen Sorgen der Bevölkerung wurden allerdings nur zwischen den Zeilen deutlich.

Die Förderung des landwirtschaftlichen Ertrages wurde im Jahr 1946 als Hauptaufgabe des Neuaufbaus bezeichnet. Bodenreformen sollten lediglich unter dem Gesichtspunkt der höchstmöglichen Ertragssteigerung geplant werden. Der mangelnden Entwässerung der tief liegenden Region Ostfriesland galt in dem Zusammenhang das vordringliche Interesse. Für das Jahr 1946 existierten 26 größere und kleinere Entwässerungsprojekte mit dem Ziel, den Grundwasserspiegel zu senken und den Wasserstand zu beherrschen. Man erhoffte sich von diesen Maßnahmen, die Voraussetzungen für einen großzügigen Wiesen- und Weidenumbruch sowie für die Ausbreitung des Gemüseanbaues schaffen zu können.

Daneben ordnete die Militärregierung eine beträchtliche Vergrößerung der Anbaufläche für Brotgetreide und Kartoffeln an. Eine einschneidende Umwandlung weiterer Grünflächen in ertragreiches Ackerland sollte erfolgen, um mehr Kartoffeln und

Kartoffelroden im Auricher Umland der Nachkriegszeit.

Brot für den kommenden Winter zu sichern. Zuständig für diese Maßnahmen war die Landesbauernschaft Weser-Ems. Etwa 600.000 Hektar Grünland waren im Gebiet der Landesbauernschaft vorhanden, von denen rund zehn Prozent umgebrochen werden mussten. Dadurch erhöhte sich die Fläche für Brotgetreide um ein Viertel und verdoppelte sich die Kartoffelanbaufläche. Die Ausmaße des Grünlandumbruches kann man an einem Vergleich ermessen: Die umbrochene Fläche betrug rund 800 bis 1.000 Quadratkilometer und war damit so groß wie ein durchschnittlicher Landkreis. Die Verhältnisse im Kreis Leer waren besonders ungünstig, da etwa 10.000 Hektar Grünland im Leda-Jümme-Gebiet und in der Gegend von Neermoor so tief lagen, dass sie zeitweise überschwemmt waren.

Die Umbrucharbeiten waren für die zukünftige Versorgung derart wichtig, dass Vertreter der Militärregierung sowie hohe Funktionäre und Räte der Landes- und Kreisbauernschaft eine Besichtigung der betroffenen Kreisgebiete in Leer vornahmen und das zügige Arbeiten kontrollierten.

Im Kreis Norden lagen für Frühjahr und Sommer 1946 zahlreiche Pläne vor, die Landgewinnungsarbeiten an der Emsküste zu intensivieren. Bei den Tätigkeiten im Vorland des Deiches handelte es sich um Spatenarbeiten, die wenig Materialien und Maschinenarbeit erforderten. Das Ziel war vor allem die Eindeichung neuer Poldergebiete in der Leybucht. Neben der Gewinnung von etwa 900 Hektar fruchtbaren Marschlandes wirkte sich die Neueindeichung günstig auf die Entwässerung aus.

Zu den zahlreichen Sonder- und Intensivierungsmaßnahmen, zu denen viele Betriebe infolge der wirtschaftlichen Notlage aufgefordert waren, gehörte der Gemüseanbau, der durch seine hohe Arbeitsintensität in der Lage war, vielen Menschen auf kleinster Fläche Arbeit und Brot zu geben. Im Gemüseanbau konnten zu dieser Zeit auf zehn Ar, also 1.000 Quadratmetern, dieselben wirtschaftlichen Erträge erzielt werden wie im Getreideanbau auf einer Fläche von einem Hektar.

Der Gemüseanbau war nach den langjährigen Erfahrungen mit der Kreisgärtnerei Aurich zudem geeignet, die kleinen Betriebe zu erhalten und wirtschaftlich zu verbessern. Die Ostfriesische Gartenbaugenossenschaft in Aurich sollte die Anbauer mit Saatgut und dergleichen versorgen sowie den Versand der Ernte übernehmen. Es mussten allerdings überwiegend Kulturen gewählt werden, die zu bestimmten Zeiten in großen Mengen anfielen und einen Versand in Waggonladungen ermöglichten, da die Erzeugnisse zum größten Teil mit Sonderzügen nach Westfalen und dem Rheinland befördert werden sollten.

In diesem Zusammenhang besaß das Torfkraftwerk Wiesmoor mit seinen 30 Morgen großen Gewächshausanlagen eine beachtliche Bedeutung. Die Anlagen waren nach niederländischer Art angelegt und wurden vom Kraftwerk aus geheizt. Zum Jahresbeginn 1946 wurden etwa 100.000 Tomatenstecklinge, 50.000 Gurkenstecklinge und 150.000 Kohlrabistecklinge aufgezogen. Nach der Kohlrabiernte im Februar schloss sich Anfang März 1946 die erste Gurkenernte an. Erwartet wurden etwa 2,5 Millionen Stück, während man die Tomatenernte von Mai bis Juli auf 300.000 Kilogramm Ertrag schätzte.

Rund 1,3 Millionen Reichsmark jährlich betrug der Gesamtumsatz an Wiesmoor-Früchten. Die wirtschaftliche Stellung der Treibhausanlagen wird aus der Tatsache deutlich, dass dort etwa 250 Arbeiter eine Beschäftigung fanden. Mit den Erzeugnissen sollten 1946 vor allem das Kreisgebiet von Aurich sowie die nordwestdeutschen Großstädte Wilhelmshaven, Oldenburg und Bremen versorgt werden. Einen Versand in entfernte Gebiete ließen die Transportprobleme der Zeit nicht zu.

Bereits im Herbst 1945 zeichnete sich in Ostfriesland eine bedrohliche Entwicklung vor allem bei der Versorgung mit Brennstoff für den bevorstehenden Winter ab. Die Brennstoffzuteilungen reichten oft kaum, um wenigstens den Bedarf für Kochzwecke zu decken. Man sprach von der bevorstehenden „Winterschlacht". Die Behörden sahen sich angesichts dieser Situation veranlasst, den planmäßigen Holzeinschlag in zahlreichen ostfriesischen Wäldern anzuordnen. Alle vorhandenen Motorsägen in Betrieben und Privathaushalten waren für diese Maßnahmen bereitzustellen. Wegen des Kohlemangels gaben die Militärbehörden auch zusätzlich Parzellen zum Torfstechen frei.

Die Erfahrungen mit der katastrophalen Brennmaterialversorgung der Bevölkerung in diesem ersten Nachkriegswinter führten 1946 in vielen Ausschüssen der ernannten Gemeinde- und Kreistage zu der Erkenntnis, dass die Ostfriesen sich in den bevorstehenden Wintern ganz auf Torfbrand umstellen mussten. Die folgenden Winter, die zudem besonders kalt waren, verschlimmerten die Situation aber noch mehr.

Im Frühjahr 1946 wurden die Einwohner zahlreicher ostfriesischer Gemeinden, die sich für den kommenden Winter selbst mit Torf versorgen wollten, aufgefordert, sich zwecks Zuteilung von Moor bei ihrem Ortsbürgermeister zu melden. Diejenigen, die bereits früher Moorparzellen erhalten hatten, waren ebenfalls zu einer Meldung verpflichtet, da sonst anderweitig über das Moor verfügt werden sollte.

In Emden wurde die Brennstoffversorgung zu einer der größten Herausforderungen für den Rat der Stadt. Die Bevölkerung versuchte sich schon seit Längerem selbst Heiz-

Spielende Kinder im Hafengebiet von Emden, Baustelle Faldernbrücke.

material für Herd und Ofen zu beschaffen. Viele waren unterwegs zum „Kohlenklau" oder ließen Kohlenzüge scharf bremsen, um die heruntergefallenen Kohlebrocken aufzusammeln und im bereitgestellten Bollerwagen oder Fahrradanhänger in Sicherheit zu bringen.

Das für die Holzzuteilung der Stadt Emden verantwortliche Amt in Aurich war angesichts der bereits wieder hohen Bevölkerungszahl Emdens überfordert, die Organisationsprobleme zu lösen. Einige Haushalte waren mit Heizmaterial überversorgt, während für die anderen nur noch wenig übrig blieb. Daneben zeigte das Transportgewerbe wenig Interesse, Brennstoffe zu befördern. Transporte wurden zu dieser Zeit selbst bei Verfügungen des Straßenverkehrsamtes abgelehnt. Im Emder Rat forderte man daher, die vorhandenen Fahrzeuge zu beschlagnahmen und die erforderlichen Benzin- und Dieselmengen für die Brennstofftransporte mit allen Mitteln zu beschaffen. Es sollte so schnell wie möglich auf Torfversorgung umgestiegen und in den Fällen auch Torf beschlagnahmt werden, in denen bestimmte Personen oder Betriebe überversorgt waren.

Im Regierungsbezirk Aurich waren bis zu diesem Zeitpunkt 365.000 Tonnen Torf gegraben worden; davon befanden sich jedoch noch 268.000 Tonnen auf den Mooren. Die Stadt Emden sollte aus dem Regierungsbezirk Aurich sowie aus dem Regierungsbezirk Oldenburg Torf erhalten – angekommen sind die versprochenen Mengen jedoch nicht. Für die Beschlagnahme von Torf kamen in Emden bestimmte Großbauern und Händler infrage, die größere Vorräte gehortet hatten. Der Normalverbraucher war von den Maßnahmen kaum betroffen.

Der Rat forderte die Militärbehörden auf, zum Transport des Hausbrandes Benzin und Diesel zur Verfügung zu stellen. Das Transportwesen war nicht zuletzt deswegen stark beeinträchtigt, weil man den Hafer für die Pferde der Emder Fuhrbetriebe schwer beschaffen konnte. Daher sah man vor, ihn dort zu beschlagnahmen, wo er im Überfluss vorhanden war. Um Hafer für die Pferde anbauen zu können, plante der Rat sogar,

Felder zu beschlagnahmen. Denn ohne die Pferde als Arbeitstiere war das Transportmittelproblem nicht zu bewältigen.

Den Emdern wurde bald darauf ein Hochmoorgebiet bei Dietrichsfeld und Tannenhausen zum Abtorfen zugesprochen. Die von der Stadt dazu erlassenen Richtlinien bestimmten, das Moor in sogenannte Lose aufzuteilen. 40 Quadratmeter betrug die Losfläche, aus der etwa 100 Kubikmeter Nasstorf und etwa 280 Zentner Trockentorf gewonnen werden konnten. Jeweils drei Personen sollten die Fläche eines Loses abtorfen. Eine Hälfte des gewonnenen Brennmaterials war der Emder Stadtbevölkerung zur Verfügung zu stellen, die andere Hälfte verblieb bei den Losinhabern.

Die Arbeiter wurden in einem Tannenhausener Barackenlager untergebracht; es gab eine gute Verpflegung, die der der Schwerstarbeiter entsprach, und der Transport des Torfs zur Verladerampe nach Dietrichsfeld war kostenlos. Die Militärregierung appellierte an die Emder Bevölkerung, sich um einen Torfstich zu bemühen, um die Feuerung für den Winter in eigener Verantwortung zu erarbeiten. Auf eine Zuteilung von Kohle und Holz, so die Behörden weiter, sollten die Emder nicht hoffen. Mit industriell gewonnenem Torf wollte man nur die Bevölkerungsgruppen versorgen, die unverschuldet nicht in der Lage waren, bei der Torfgewinnung mitzuwirken.

Die Einwohnerschaft der Stadt Emden zeigte sich aber von ihrer besten Seite. Viele Menschen und manchmal sogar ganze Betriebe zogen ins Moor, um den Hausbrand für den Winter zu gewinnen. Zahlreiche Menschen waren der körperlich harten Tätigkeit nicht gewachsen, manche brachen sogar beim Torfstechen zusammen und mussten die Arbeit aufgeben. Nicht wenige hielten nur deswegen durch, weil sie fürchteten, im folgenden Winter erfrieren zu müssen.

In diesen Monaten gab es neben dem Zeitphänomen „Kohlenklau“ an den Eisenbahnstrecken und Bahnhöfen auch den des „Torfdiebs“ in den ostfriesischen Mooren. Im Mai 1946 wurden beispielsweise in Berumerfehn im Durchschnitt täglich zehn Zentner Torf gestohlen. Im Juli 1946 klagten mehrere Mitglieder der Stadtvertretung aus Norden über unzulässige Geschäftsmethoden von bestimmten Fuhrunternehmern, die den im Moor gestochenen Torf der Norder Bevölkerung abtransportierten. Um Ungerechtigkeiten und Benachteiligungen angesichts der katastrophalen Brennstoffzuteilung zu vermeiden, wurde die Aufstellung einer Fuhrkolonne unter zentraler Leitung und Kontrolle gefordert.

Die Sicherstellung der Brennstoffversorgung für Flüchtlingshaushalte war den Behörden ebenfalls sehr wichtig. Die gerechte Verteilung und Fürsorge sollte einen Beitrag dazu leisten, die Not dieser Menschengruppe nicht noch zu verschlimmern. Im Oktober 1946 wurden die Bürgermeister der Gemeinden des Kreises Aurich, in denen die Torfabfuhr noch nicht geregelt war, verpflichtet, die Fahrzeughalter ihrer Ortschaften umschichtig zur Abfuhr des Torfs für alle Flüchtlingshaushalte einzusetzen. Etwaige Abfuhrkosten sollten auf ein Mindestmaß beschränkt bleiben, da bei den an sich hohen Torfkosten keine weitere untragbare Belastung geduldet werden konnte.

Bereits im Herbst 1946 wiesen die Mitteilungsblätter der Landräte die Bevölkerung darauf hin, dass man auch im Jahr 1947 auf den Torfhandstich würde zurückgreifen müssen. Der ausreichende Einsatz von Baggern war durch behördliche Maßnahmen stark gefährdet und den Menschen wurde dringend geraten, die Brennstoffversorgung durch eigenen Handstich zu übernehmen. Die Appelle der verschiedenen Behörden erwiesen sich im Dezember als durchaus berechtigt. Die Eiseskälte hielt an und überall standen die Sorgen um den Mangel der Brennstoffe im Vordergrund. Das galt auch für kulturelle Abendveranstaltungen in größeren Sälen, die nur stattfinden konnten, wenn die Räume ordentlich geheizt waren. Die Ratsversammlungen forderten, die Torfanlieferungen aus den Mooren zu forcieren, um die nötigen Brennstoffmengen vor Weihnachten und Neujahr zu sichern.

Der Rat in Leer erklärte, in der Stadt etwa 5.000 Haushaltungen zu haben, für die im Frühjahr als Minimum 15.000 Tonnen Torf bei aktiver Hilfe der Leeraner zugesagt worden seien. Die Bürger hatten sich fast geschlossen zur Arbeit gemeldet; aber nur ein Teil der Bevölkerung wurde tatsächlich zur Torfarbeit herangezogen. Daneben kritisierte der Rat, dass bestimmte Torflieferanten Wucherpreise verlangen würden und er forderte eine strenge Verfolgung der Torfschieber, die bereits oft heimlich Fuhren aus Ostfriesland in andere Gebiete geschafft hätten.

Nach einer Frostperiode bereits im Dezember sanken die Temperaturen im Januar 1947 tief unter den Gefrierpunkt. Dieser harte Winter stürzte viele Lebensbereiche in eine Krise, die in ihren Ausmaßen manche Härten der Kriegszeit noch übertraf. Auf dem Höhepunkt der langen Kälteperiode im Februar 1947 fiel an vielen ostfriesischen Schulen der Unterricht aus, weil kein Material für das Beheizen der Klassenräume mehr vorhanden war. Erst am 16./17. März, nach orkanartigen Stürmen, endete die zweimonatige Kälteperiode.

Im Frühjahr 1947 teilte die Norder Stadtverwaltung mit, dass die Bürger ihre Brennstoffe für den nächsten Winter durch Torfstich erarbeiten sollten. Lediglich Personen über 65 Jahre, Arbeitsinvaliden und Schwerkriegsbeschädigte hatten einen Anspruch auf behördliche Belieferungen. Die Norder Fehngesellschaft stellte der Stadt Moorparzellen zur Verfügung, die sie nach festgelegten Richtlinien verteilte. Das Wirtschaftsamt vergab auf Antrag die „Torflizenz".

Aber bereits im Mai gab es die ersten Probleme. Treibstoffe für die Torfbagger, den Transport der Arbeiter und des Torfs konnten lediglich in sehr geringen Mengen geliefert werden. So war damit zu rechnen, dass im Winter 1947/48 bei der Torfversorgung die gleichen Schwierigkeiten wie im zurückliegenden Winter auftreten würden.

Betriebsräte und ostfriesische Gewerkschaften protestierten gegen eine Verfügung des Regierungspräsidenten. Nach dieser Anordnung hatten alle Nutzer von Torfmooren gegen Entgelt eine Tonne Torf zur Versorgung von Bedürftigen abzuliefern. Den Torfarbeitern, die unter schlimmen Ernährungs- und Bekleidungsbedingungen das Brennmaterial graben mussten, könne nicht zugemutet werden, so das Argument der Protestierenden, von dem für den eigenen Bedarf benötigten Torf etwas abzugeben. Sie schlugen dagegen vor, Arbeitslose und Schwarzhändler zum Torfgraben zu verpflichten. Im August kam es daraufhin zu einer Sitzung in Norden. Der ostfriesische Regierungspräsident Dr. Mimke Berghaus, Vertreter der Regierung, der Kreis- und Stadtverwaltung, der Gewerkschaften, der Fuhrunternehmen und der Torfgesellschaften nahmen daran teil. Angesichts der Erfahrungen in dem Schreckenswinter 1946/47 wollten sie die Brennstofflage ausführlich besprechen.

Für die Belieferung beispielsweise von etwa 85.000 Einwohnern im Kreis Norden war eine zur Verfügung gestellte Moorfläche von etwa 650 Hektar zu gering. Der Stadt fehlten 4.000 Tonnen Torf, während im Kreis noch bis zu 20.000 Tonnen mehr benötigt wurden. Die Regierung hatte zu der Zeit lediglich Kohlelieferungen zugesagt. Alle beteiligten Sitzungsmitglieder waren sich angesichts dieser Zahlen schnell einig, dass die Versorgung mit Brennstoff in Ostfriesland für den kommenden Winter zu diesem Zeitpunkt nicht gesichert war. Ein wichtiger Streitpunkt an diesem Tag war die Frage, wer behördlicherseits für die Brennstoffversorgung verantwortlich sei. Während auf der einen Seite der Standpunkt vertreten wurde, die Verantwortung läge bei der Regierung, erklärte Dr. Berghaus, diese würde den Kreisen obliegen. Die Kreise sollten in dem Zusammenhang dafür sorgen, dass die Selbstversorger den Bedürftigen eine Tonne Torf zur Verfügung stellten. Die Gewerkschaftsvertreter protestierten weiterhin entschieden gegen diese Bestimmung.

Der gleichfalls strenge Winter 1947/48 veranlasste die Behörden bereits im Februar 1948, neue sogenannte Torfaktionen zu planen und Bestimmungen für die Sommerarbeit im Moor festzulegen.

Der Regierungspräsident machte die Bevölkerung noch in den letzten Wintertagen des Jahres 1948 darauf aufmerksam, dass die Versorgung mit Hausbrand im Winter 1948/49 nur durch die tätige Mitarbeit bei der Torfaktion 1948 sichergestellt werden könne. Lediglich die Bevölkerungsgruppen, so der Regierungspräsident weiter, hätten Anspruch auf eine Versorgung aus öffentlichen Brennstoffmengen, die aufgrund einer Entscheidung des örtlichen Brennstoffausschusses in den Gemeinden von der aktiven Mitarbeit befreit worden seien. Es könnten nur Personen befreit werden, die infolge glaubhaft nachgewiesener körperlicher Gebrechen für die Torfarbeiten untauglich seien, sofern nicht in deren Familien arbeitsfähige Angehörige lebten. Anträge auf Befreiung müssten schriftlich beim Brennstoffausschuss der Gemeinde gestellt werden. Die Entscheidung des Ausschusses würde den Antragstellern schriftlich mitgeteilt. Eine Beschwerde gegen die Entscheidung sei beim Brennstoffausschuss des zuständigen Kreises einzureichen und müsse spätestens fünf Tage nach Erhalt der Ablehnung vorgebracht werden.

Der Torfausschuss beim Regierungspräsidenten konnte allerdings einzelne Berufsgruppen auf Antrag der zuständigen Berufsvertretungen von der Mitarbeit bei den Torfaktionen 1948 freistellen oder für diese eine Sonderregelung treffen. Dieser Antrag war an den Torfausschuss beim Regierungspräsidenten über die zuständige Berufsvertretung – Handwerkskammer, Industrie- und Handelskammer – zu stellen. Die 1947 ausgesprochenen Genehmigungen zum Torfstechen hatten auch 1948 Gültigkeit. Jeder

Der Wohnungsbau war in den Nachkriegsjahren eine vordringliche Aufgabe.

Torfstecher von 1947 hatte Anspruch auf sein altes Moorstück unter der Voraussetzung, dass er im Vorjahr seinen Verpflichtungen nachgekommen war.

Im Wirtschaftsjahr 1949/50 entschärfte sich das große Nachkriegsproblem der Brennstoffversorgung allmählich. Die Kohlenförderung stieg, und es war vorgesehen, das Rheiderland, die Städte Emden, Leer und Norden sowie die ostfriesischen Inseln bei der Zuteilung von Kohlen zunächst zu bevorzugen und zu beliefern.

Andere Schwierigkeiten waren nun in den Vordergrund getreten. Die vielen Flüchtlinge und Vertriebenen, die zunächst in den Städten und Dörfern behelfsmäßig untergekommen waren, mussten mit Wohnungen versorgt werden. Daneben bestand das Problem, dass in der von der Landwirtschaft geprägten Region nicht genügend Arbeitsmöglichkeiten für alle Einwohner vorhanden waren. Andererseits gab es auch Fortschritte: In Emden begann der Wiederaufbau einer zerstörten Hafenstadt. Vor allem der Wohnungsbau wurde vorangetrieben; die Straßen, Brücken und Wasserbauanlagen richtete man wieder her.

Bereits im August 1946 war das Bundesland Niedersachsen gegründet worden. Ostfriesland wurde darin zum Regierungsbezirk Aurich. Mit der Gründung der Bundesrepublik Deutschland im Jahr 1949 verbesserten sich langsam die Lebensverhältnisse der Ostfriesen, die sich aktiv und engagiert am Wiederaufbau beteiligten und mit ihrer Region eine friedliche Zukunft mitgestalten wollten.

BENUTZTE LITERATUR

ALBERTS, IHNO U. A.: *Das alte Friesenspiel ist jung: Klootschießen und Boßeln einst und jetzt,* Norden 1988.

ARENDS, FRIDRICH: *Ostfriesland und Jever in geographischer, statistischer und besonders landwirthschaftlicher Hinsicht, Band 1–3,* Nachdruck der Ausgabe Emden 1820.

BÄRENFÄNGER, ROLF: *Ostfriesische Verteidigung: Steinhäuser und Burgen,* in: Matthias Untermann (Hrsg.), Archäologie mittelalterlicher Burgen, Paderborn 2008, S. 69–76.

BEERENS, JOHANN: *Was sollen Fische in Borkums Wappen?* in: Der Deichwart, Beilage der Zeitung Rheiderland, Weener 1990, Nr. 1.

BENTS, HARM: *Störtebeker: Dichtung und Wahrheit,* Norden 2003.

BUTTJER, BERNHARD: *Wo einst die Mönche lebten. Die Klosterstätte Ihlow, ein Forst und zwölf Dörfer,* Norden 2009.

CANZLER, GERHARD: *Unter Napoleons Fahnen. Schicksal der Ostfriesen, die an dem Rußlandfeldzug 1812/13 teilnahmen und nicht zurückgekehrt sind,* in: Ostfreesland, Kalender für Jedermann, Norden 1994.

DALLINGA, CHRISTOPH-G. U. A.: *Emden im Luftkrieg: 1939–1945 / Das Bunkermuseum,* hrsg. vom Arbeitskreis Bunkermuseum, Emden 2006.

DEETERS, WALTER: *Kleine Geschichte Ostfrieslands,* Leer 1985.

DERS.: *Kleinstaat und Provinz,* in: Karl-Heinz Behre/Hajo van Lengen (Hrsg.): Ostfriesland. Geschichte und Gestalt einer Kulturlandschaft, Aurich 1995, S. 135–186.

FREESE, JOHANN CONRAD: *Ueber die Vehne oder Torfgräbereien,* Aurich 1789 (Nachdruck Leer 1980).

FREYHOFF, ULRICH: *Seeräuber in Ostfriesland: Die Hanse und Ostfriesland um 1400,* Leer 1952 (Die Leuchtboje Heft 5).

HABBEN, CORINA (RED.): *Windmühlen in Ost-Friesland,* Aurich 1997.

HADDINGA, JOHANN: *Das Buch vom ostfriesischen Tee,* Leer 1977.

HANGEN, HEDWIG: *To mien Kinnertied. Zum Wandel ländlicher Wohn- und Lebensbedingungen von Kindern im 20. Jahrhundert,* Leer 1981.

HERLYN, HEINRICH H.: *Borkum stellte dreißig Kommandeure,* in: Der Deichwart, Beilage der Zeitung Rheiderland, Weener 1982, Nr. 7.

HEYEN, BRIGITTE: *Kindheit auf dem Lande. Eine Untersuchung der Lebensbedingungen von Kindern in Ostfriesland zu Beginn des 20. Jahrhunderts,* Oldenburg 1999.

HOUTROUW, O. G.: *Ostfriesland – eine ortskundige Wanderung gegen Ende der Fürstenzeit,* Aurich 1889/1891.

JANSSEN, ALBRECHT: *Abenteuer im Eise. Ein Walfänger-Roman, Hamburg 1946.*

DERS.: *Friesen als Meister des Walfangs,* in: Der Deichwart, Beilage der Zeitung Rheiderland, Weener 1962, Nr. 198.

JANSSEN, DIETRICH: *Der Bunkerbau in Emden,* hrsg. vom Arbeitskreis Bunkermuseum e. V., Emden 2006.

KAMPEN, JOHANNE: *„Wir können auf vieles verzichten – wenn bloß Frieden bleibt!",* in: Emder Zeitung v. 18.09.2010.

KAUFMANN, TORSTEN: *Un drink'n Koppke Tee. Zur Sozialgeschichte des Teetrinkens in Ostfriesland,* hrsg. von der Museumsfachstelle der Ostfriesischen Landschaft, Aurich 1989.

KEMPE, ENNO F.: *Die Osterburg zu Groothusen,* Aurich 1988.

DERS.: *Die Osterburg in Groothusen – ein Denkmal in Privatbesitz,* in: Berichte zur Denkmalpflege in Niedersachsen, Hameln 1989, Nr. 1, S. 43–46.

KLOPP, ONNO: *Geschichte Ostfrieslands unter preußischer Regierung bis zur Abtretung an Hannover. Von 1744–1815,* Osnabrück 1858.

KLOSE, MARTEN: *Brandbomben auf Emden,* in: Emder Zeitung v. 18.07.2009.

LENGEN, HAJO VAN: *Zur Baugeschichte des Steinhauses in Bunderhee,* in: Ostfriesland. Zeitschrift für Kultur, Wirtschaft und Verkehr, 1978, Nr. 2, S. 8–14.

DERS.: *Das Steinhaus von Bunderhee und die Unkenburg in Leer,* in: Rolf Bärenfänger (Hrsg.), Ostfriesland, Stuttgart 1999, S. 206–210.

LINKE, HANS: *Die Geschichte der Borkumer Walfängerfamilie Meyer,* Bremerhaven 1970.

LÜPKES, WIARD: *Ostfriesland. Beiträge zur ostfriesischen Heimat- und Volkskunde nach Lichtbildern,* o. O. und o. J. (um 1910).

MANNINGA, UNICO U. A.: *Ostfriesische Volks- und Rittertrachten um 1500,* Emden 1893.

MARSCHALLECK, KARL-H.: *Die Grabung in der ev.-luth. Kirche zu Engerhafe, Landkreis Aurich,* in: Niedersächsische Denkmalpflege, Hameln 1970, S. 56–61.

MEYER, THEO: *Ostfriesland 1945–1949, Materialien (Quellen und Texte) erarbeitet im Rahmen eines Ausstellungsprojektes der Landeszentrale für politische Bildung in Hannover und des Landkreises Aurich,* Aurich 1987.

DERS.: *Unklare Nutzrechte der Wildnisse und Moräste. Aus der Arbeit der preußischen Urbarmachungskommission im 18. Jahrhundert,* in: Unser Ostfriesland, Beilage der Ostfriesen-Zeitung, 1992, Nr. 5.

DERS.: *Konflikte in den Moorkolonien,* in: Heim und Herd, Beilage des Ostfriesischen Kuriers, 1994, Nr. 9.

DERS.: *Von deren Colonisten Lande. Aus der Geschichte des Südbrookmerlandes,* Oldenburg 1998.

DERS.: *Armenhaus in der Krummhörn. Die unendliche Geschichte einer Anstalt in Greetsiel;* in: Ostfreesland 1999, Kalender für Jedermann, Verlag Soltau-Kurier-Norden.

DERS.: *Als Junglehrer in Moordorf im 19. Jahrhundert. Johann Tönnies Hoffmann erwarb sich trotz jugendlichen Alters große Verdienste,* in: Friesische Heimat, Beilage des Anzeigers für Harlingerland, 1999, Nr. 6.

DERS.: *Damals in den Wolden. Ehemalige Kirchspiele am Großen Meer,* in: Ostfriesland-Magazin, 2000, Nr. 10.

DERS.: *Ostfriesische Landwirtschaft musste nach dem 2. Weltkrieg Ernährung sicher stellen,* in: Friesische Heimat, Beilage des Anzeigers für Harlingerland, 2005, Nr. 9.

DERS.: *Brennstoffversorgung nach 1945. Bürger mussten Brennvorräte mit Torfstechen erarbeiten,* in: Friesische Heimat, Beilage des Anzeigers für Harlingerland, 2005, Nr. 16 und 17.

MENKEN, MICHAEL: *Klootschießen und Boßeln. Historischer Abriss und Versuch einer didaktischen Aufbereitung,* Hagen 1981.

MOORMUSEUM MOORDORF (HRSG.): *Leitfaden für die Besucher des Freilichtmuseums Moordorf,* hrsg. vom Vorstand des Vereins Moormuseum Moordorf e. V., 1988, Ausgabe 5.

MOSSIG, CHRISTIAN: *Mittelalterliche Kirchengeschichte,* in: Karl-Ernst Behre/Hajo van Lengen (Hrsg.): Ostfriesland. Geschichte und Gestalt einer Kulturlandschaft, Aurich 1995, S. 187–198.

MÜLLER, WILHELMA/MÜLLER, ERNST: *De Utrooper's kleines Buch von der ostfriesischen Kleidung,* Leer 2000.

N. N.: *Burgen in Ostfriesland – Denkmäler der Geschichte,* in: Der Deichwart, Beilage der Grenzlandzeitung Rheiderland, 1959, Nr. 153.

NOAH, ROBERT: *Gottes Häuser in Ostfriesland,* Norden 1989.

Nordwest-Nachrichten, *Nachrichtenblatt der alliierten Militärbehörden v. 2. Juni 1945–24. April 1946.*

OHLING, GERHARD D.: *Kulturgeschichte der Krummhörn,* in: Gerhard Steffens (Hrsg.): Die Acht und ihre sieben Siele, Bd. 1 der erweiterten 2. Auflage, Leer 1987, S. 27–296.

ROSKAM, HEINRICH: *Die Fehntjer verweigern dem Kaiser der Franzosen die Wehrpflicht,* in: Friesische Blätter, Beilage des General-Anzeigers Rhauderfehn, 1969, Nr. 32.

SCHMIDT, HEINRICH: *Politische Geschichte Ostfrieslands,* Leer 1975.

SCHWARZ, WOLFGANG: *Ur- und Frühgeschichte,* in: Karl-Ernst Behre und Hajo van Lengen (Hrsg.): Ostfriesland. Geschichte und Gestalt einer Kulturlandschaft, Aurich 1996, S. 39–74.

STOLZE, WILFRIED (HRSG.): *Bunker gegen Bomben. Der Bombenkrieg gegen Emden/Das Bunkermuseum,* Emden 2003.

TINNEMEYER, HELMUT: *Das Klootschießen. Die Bedeutung d. bodenständigen Sportart im norddeutschen Raum untersucht unter besonderer Berücksichtigung der historischen Entwicklung,* Münster 1979.

VRIES, BEREND DE: *Das Logbuch des Ostindienfahrers,* Leer 1996.

WEERS, ARNOLD: *Schola Dei. Das alte Kloster Ihlow wird zu neuem Leben erweckt,* in: Ostfriesische Nachrichten (Aurich), Verlagsbeilage von 2009.

WILKEN, MARTIN: *Die Engerhafer-Victorburer Ehe und ihr Ausbau zum Abelitz-Moordorf-Kanal,* in: Gerhard Steffens (Hrsg.): Die Acht und ihre sieben Siele, Bd. 1 der erweiterten 2. Auflage, Leer 1987, S. 591–647.

WITTOR, MANFRED: *Mühlen in Großefehn. Ihre Geschichte und die ihrer Erbauer und Betreiber,* Wittmund 2002.

Die Heimat entdecken!

Von Kiel bis Wien,
von Aachen bis Görlitz:
Entdecken Sie Alltagsgeschichten
aus Ihrer Heimatstadt!

Leben in der Großstadt …

Tauchen Sie ein in das quirlige Großstadtleben vergangener Tage. Spazieren Sie über breite Boulevards und stürzen Sie sich ins Nachtleben. Erkunden Sie ihre Stadt durch die Fensterscheiben einer Straßenbahn oder des ersten Käfers und bewundern Sie prächtig geschmückte Schaufenster.

Erinnerungen an die Schulzeit …

Erinnern Sie sich noch an die Zeiten von Abakus und Schiefertafel, an Klassenausflüge oder den ersten Taschenrechner? Blicken Sie zurück auf große Klassen und gestrenge Schulmeister, entdecken Sie auf Klassenfotos Freunde und Bekannte von früher!

Gesellige Stunden im Verein …

Fußballclub und Schützenverein, Musikkapelle und Gesellenverein: Schauen Sie zurück auf Volksfeste und Turniere, Chorproben oder Prunksitzungen. Erinnern Sie sich an schöne Stunden und das gesellschaftliche Leben in Ihrer Heimat.

… und im Familienkreis
Werfen Sie einen Blick in die Wohnzimmer vergangener Tage und entdecken Sie, wie sich zwischen schweren Eichenmöbeln, Nierentischen und Ikea-Regalen der Alltag verändert hat. Erleben Sie Familienfeiern und Weihnachtsfeste im Wandel der Jahrzehnte mit.

FSC
www.fsc.org
MIX
Papier | Fördert gute Waldnutzung
FSC® C083411

Zeitfracht Medien GmbH
Ferdinand-Jühlke-Straße 7
99095 Erfurt, Deutschland
produktsicherheit@kolibri360.de

Druck:
CPI Druckdienstleistungen GmbH
im Auftrag der
Zeitfracht Medien GmbH
Ein Unternehmen der Zeitfracht - Gruppe
Ferdinand-Jühlke-Str. 7
99095 Erfurt